殺戮と粛清の四千年

本当に怖ろしい中国の歴史

薩摩雅隆

彩図社

●はじめに

中国人が春節休暇を利用して日本で「爆買い」をする光景は、すっかりお馴染みになってきた。日本を訪れる中国人は、3〜4年前には中国沿岸地域の上海《シャンハイ》方面の人々が多かったようだが、その後、香港に程近い広州、福建省と続き、最近ではやや内陸に入ったところの湖南省、河南省の人々がやってきている。今後もさらに大陸の奥の方から「爆買い」をしに来日する中国人が増えていくだろう。

この「爆買い」の光景からは、中国人の気質がよく見えるのである。

彼らは高品質の日本製品を多く買っていくが、裏を返せば、自国の中国製品は信頼できないということだ。そんな彼らにインタビューをする様子を見ると、多くは「品質の良い日本製のものを親戚や友人にあげる」と答えている。

しかし、本当の目的を別に持つ中国人もいる。転売だ。組織ぐるみで専門に転売を行うボスのような存在がいて、福袋や、ｉＰｈｏｎｅなどの発売時には日本人まで雇って大量に購入し、それを転売し暴利をむさぼるボスの行動がテレビで放映されていたのを見たことがある。もともと、中国人は転売をするのは得意なのだ。

他にも、こんな事例がある。ある中国人が来日して２０００万円相当の高価なブランド品バッグを買っていったが、あとで百貨店に返品してきた。少し時間が経ってから店員がその梱包を開けると、全てのバッグが分解されていたのだ。このブランド品バッグの模造品を作るために分解されていたのである。百貨店側も返品の理由を確認しなかったという手違いがあっただろうが、日本人ではとても考えられないことをするものだ。

嘘をつき他人を陥れても、自分だけは生き延びようとする。人を騙すための悪知恵は、中国人ならほとんどが身につけているものだ。

どうして、彼らは利益のためなら手段を選ばないのであろうか？

その答えは、4000年もの間、戦争に明け暮れ、暴虐の政治に耐えてきたという中国人の歴史にある。虐げられれば、どんな人間でも今を生き延びることしか考えなくなるものだ。それが、中国の人民に脈々と受け継がれてきた、「現生利益」の思想である。頼れるものは金しかない。今、この瞬間の幸せをつかむのに全力なのだ。

一方、中国は2010年にGDP（国内総生産）で日本を抜き、世界第2位の経済大国になって以来、日本へも含め対外強硬路線を強めてきている。

2012年9月、横浜で行われたAPEC（アジア太平洋経済協力会議）の場で、当時の日本の野田首相が、中国の胡錦濤《こきんとう》国家主席に尖閣諸島の国有化を伝えると、中国各機関誌はまるで「宣戦布告」のような強い抗議声明を出し続けた。人民の間に抗日デモをしても拘束されないとの考えが広がると、規模はさらに大きく激しくなった。それは、まるで歴史上の乱の暴徒のようであった。

中国が尖閣諸島の領有権を主張する根拠は、過去の清王朝時代に描いた「版図」に尖閣諸島が含まれているから、というものだ。それに基づいて、国連に尖閣諸島周辺海域を「領海」とする海図を提出したのである。

一方、南シナ海のスプラトリー（南沙）諸島に目を向ければ、人工島4ヶ所でレーダー施設が建設されたことが確認されている。防空圏設定も視野に入れての行動である。中国は、軍事紛争にならなければ周辺諸国との摩擦は許容範囲という考えなので、領域争いも途絶えることはない。

現在国際的な問題にもなっているこうした行動の背景には、中国海軍が公海域において国際法を無視してでも、清王朝時代の版図の領域まで取り戻そうとの思惑が見える。また、資源の獲得という目的のために奔走し、自国の利益のことしか考えていない行動があちこちに現れている。

それを後押ししているのが、4000年の間に培われた「中華思想」である。中国こそが世界の中心なのだという思想が、中国のあらゆる行為を正当化するのだ。

また、2015年9月、習近平国家主席は「抗日戦争勝利70周年記念式典」を盛大な軍事パレードとして大々的に行った。戦争当時の中国共産党の最高指導者であった毛沢東ですら行わなかった、抗日戦争勝利パレードである。そもそも、その毛沢東に「私は日本軍の侵攻に感謝している」と言わせるほど、中共軍は日本軍とほとんど大きな戦闘を行わなかった。現在の政府はその中共の流れを汲んでいるはずなのだが、なぜか歴史認識が変わってしまっているのである。

なぜ中国人は人を騙すのか？　なぜ中国は一触即発になりかねない危険な行動をとるのか？　なぜ習近平国家主席は反日軍事パレードを行うのか？　なぜ中国はこのように怖ろしい国なのか？

すべては、中国が育んできた長久の歴史の中に隠れている。本書をお読みいただければ、中国や中国人の行動にある背景が、手にとるように理解できることだろう。

本当に怖ろしい中国の歴史　目次

第三章 繰り返される殺戮と粛清

第四章　漢民族王朝の盛衰と征服王朝

第五章　新たな体制　中国共産党の誕生

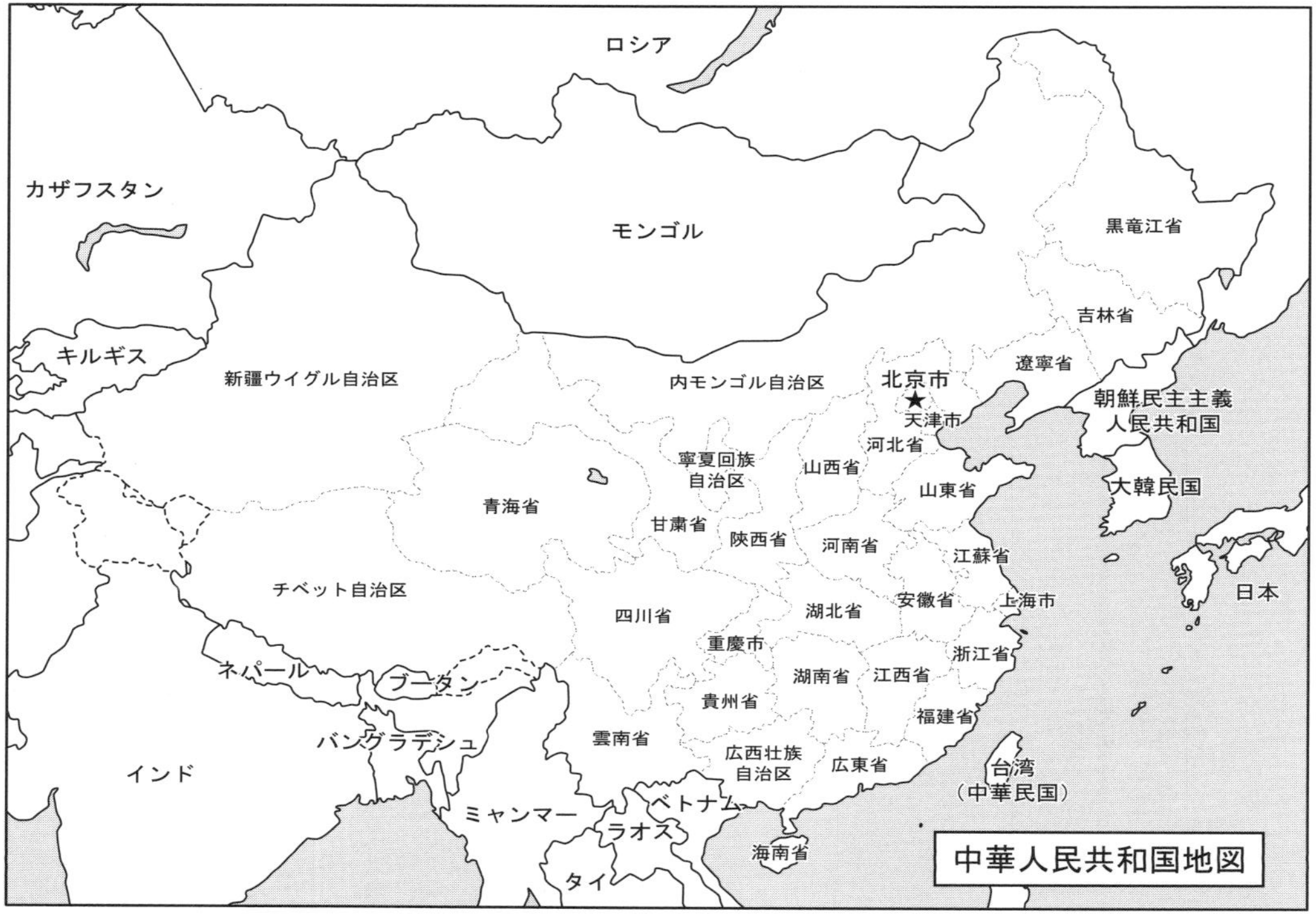
ロシア
カザフスタン
モンゴル
黒竜江省
吉林省
キルギス
遼寧省
新疆ウイグル自治区
内モンゴル自治区
北京市
朝鮮民主主義
人民共和国
天津市
河北省
寧夏回族
自治区
山西省
山東省
大韓民国
青海省
甘粛省
陝西省
河南省
江蘇省
チベット自治区
四川省
湖北省
安徽省
上海市
日本
重慶市
浙江省
ネパール
ブータン
湖南省
江西省
貴州省
福建省
バングラデシュ
雲南省
広西壮族
自治区
広東省
台湾
（中華民国）
インド
ミャンマー
ベトナム
ラオス
海南省
タイ
中華人民共和国地図

第一章

伝説の世界と古代王朝の成立

01 中国文明の夜明け

世界四大文明の一つである「黄河文明」から生まれた中国文明は、紀元前5000年頃に夜明けを迎え、古代王朝は紀元前2000年頃に成立している。

商（殷）王朝以前に存在したとされる夏王朝はまだその存在を実証されていないが、紀元前2000年頃から400年余りにわたって続いたとされ、実在が確認されている商（殷）王朝は紀元前1600年頃から約550年間、黄河中流域で栄えた。

このように、中国の歴史は日本のそれと比較しても1300年以上も古く、しかも、「日本」が誕生した頃にはすでに「甲骨文字」という文明を生み出していたのだ。

だから、大陸の中国人や台湾の外省人はよく「中国は4000年という悠久の歴史を持った国」と誇らしく言っている。日本人の中にもそのように信じている人々が大勢いるし、私自身もかつてはそう信じていた。

しかし、その言葉を鵜呑みにすることはできない。

中国王朝４０００年の歴史といえば、その間は単に王朝の名前だけが交代する印象を受ける。そのため、そこに政権交代を背景とした抗争と血筋の断絶があったことを見落としてしまいかねない。しかし、史実を知れば知るほど、横たわる政治的な思惑が垣間見え、それは、我々日本人が抱いていた「悠久の歴史」とは大いに異なるものだということに気がつく。

『史記』によれば、夏王朝の最後の皇帝である桀《けつ》は暴虐であったため、民衆からの評判も大変悪く、最後は次の王朝となる「商」の湯王《とうおう》に討たれ夏王朝は滅んだという。さらにその「商（殷）」の最後の皇帝紂王《ちゅうおう》も暴虐の限りを尽くし、次の王朝の「周」の武王《ぶおう》に討伐されたのだという。

ここに、中国王朝４０００年の歴史のすべてがある。中国は、最古の王朝のときから血で血を洗う抗争と殺戮の歴史が始まっていたのだ。

中国では、古代王朝以来、前王朝の史書を編纂するのが通例になっている。新王朝が歴代王朝の正統な後継であることを証明するのと同時に、前王朝と末代皇帝の不徳と悪逆を強調するのだ。

当然であるが、この王朝交代の時期には戦乱と飢餓が待ち構え、その結果人口が激減している。どの国にも起こることであるが、とりわけ中国においては甚だしい。

さらに、この抗争と断絶とともに、中国史を貫く特徴として顕著なものに大量殺戮と粛清があることも忘れてはならない。

ところで、王朝という名が登場しているが、この時代は王朝というよりは、部族長といった方が正しいのであろう。実のところ、20世紀まで中国大陸には中国という国家もなかったし、中国人という概念もなかった。ましてや、戦国時代には、国家も民族も存在しなかった。戦国時代に趙・魏・韓の3氏による建国があったといわれているが、国家といえるものではなく、それぞれ城郭都市の市場で商売をする商人集団であった。そのボスが「王」と呼ばれたに過ぎないのだ。

それでは、最古の中国人・北京原人から、中国4000年の歴史を辿ってみたい。

その前に、先ほどから使っている「商（殷）王朝」の表現について補足させていただきたい。多くの人が「殷王朝」と学校で習ったであろうが、当時の人々は自分たちの王朝を「商」と呼んでいたようだ。「商」という邑《むら》に住んでいた部族が「殷」という地へ遷ったことから、後世の人々に「殷王朝」と呼ばれるようになったという。

『史記』には「殷本紀」があり、王朝名を「殷」としているが、殷は商が滅んでからの呼び方だ。本書では殷に遷都する前を「商王朝」、遷都した後を「商（殷）王朝」と呼ぶことにする。

●初めての中国人・北京原人

これまでに発見されている最古の中国人は、中国・北京市周口店から出土した北京原人（約60〜70万年前）である。その化石から、彼らが直立二足歩行の生活をし、脳の量も現代人のものに近かったことが判明している。集団で洞穴に暮らしながら、火を使い石器を作り、狩猟と採集によって食糧を確保するという生活であった。次第にこの北京原人たちは「旧石器人」から脱し、次の段階へ進ん

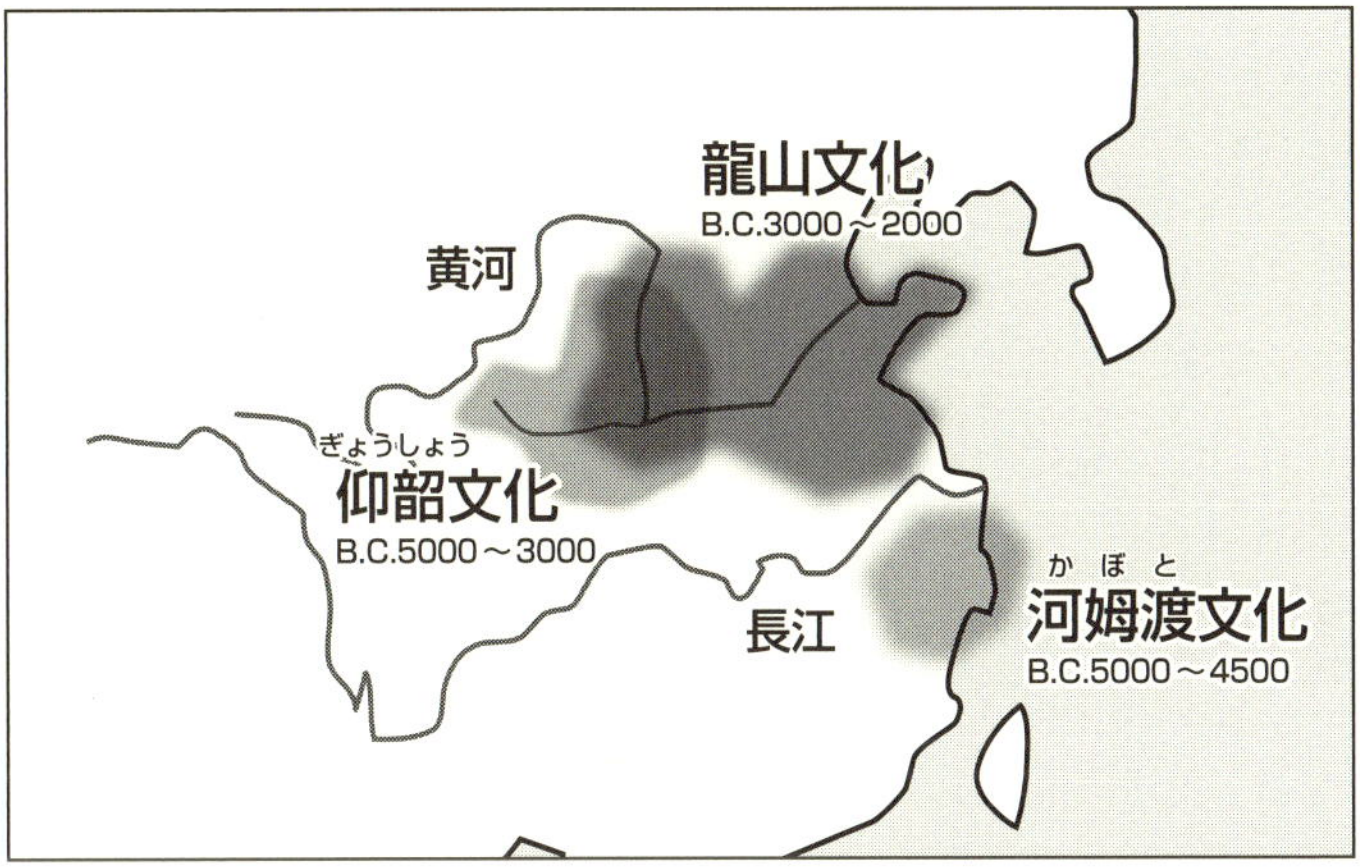

中国大陸における新石器文化の一例。1970年代に河姆渡遺跡が発掘されるまでは、「中国文明＝黄河文明」という認識だった。

でいく。

幸いなことに、中国大陸には「黄河」があった。これが中国文明にとって母としての役割を果たすことになる。この黄河地帯は、氾濫が多かったことが功を奏し肥沃な土壌であったため、旧石器人は農耕と牧畜が可能となり、新石器時代に入って文明を開化させることになる。

黄河流域の新石器時代の文化としてあげられるのは、黄河中流域に出現した「仰韶《ぎょうしょう》文化」（紀元前5000年頃）、そして黄河中流域と下流域に広がった「龍山《りゅうざん》文化」（紀元前2300年頃）がある。その他に、黄河から南に下ったところにある長江流域にも新石器文化は繁栄していた。

このように、黄河流域以外にも文明が誕生していたことから、近年では古代中国に誕生した文明のことを「黄河文明」ではなく「中国文明」と称するようになっている。

●中国の建国神話

世界中のどの国にも、史実と異なる建国の神話や伝説がある。

日本にも、「イザナギとイザナミという夫婦神が結婚して日本の国土が生み出された」という建国神話は存在するが、その知名度はあまり高くはないだろう。

ところが中国では、多くの中国人が「自分たちは黄帝《こうてい》の子孫である」と言うほどに、彼らの心には「中国文明の祖」として黄帝の存在がある。なぜなら、中華民国の建国時から徐々に、伝説であったはずの黄帝の存在が史実として扱われるようになり、21世紀になって中国全土に配備されている小学校の社会の教科書では「私たちの祖先―黄帝」と教えこまれているからだ。

日本の建国神話は『古事記』『日本書紀』に書かれているが、中国では司馬遷《しばせん》が記した『史記』がそれに相当する。『史記』は文字通り「歴史の記録」という意味で、神話時代から紀元前97年まで、つまり今からおよそ2100年前までの歴史が記されている。

それでは、『史記』を通して中国の建国神話を拝見してみよう。

●中国文明の祖・黄帝

中国文明は、紀元前5000年～紀元前4000年頃から、黄河の中・下流域の黄土地帯で栄えはじめている。

この頃、黄河の中流域に後に「華夏族《かかぞく》」と呼ばれる農耕民族が現れ、その中から「燧人《すいじん》」「伏羲《ふくぎ》」

「神農《しんのう》」の「三皇」と呼ばれる3人の天子（神ともいわれる）が登場した。

その後、「五帝」と呼ばれる聖人の時代に入るのだが、その初代にあたるのが、中国人の祖といわれる「黄帝《こうてい》」である。五帝は「黄帝」から「顓頊《せんぎょく》」、「嚳《こく》」と続き、そのあとに中国史上最も理想的な政治を行ったとされる「堯《ぎょう》」、「舜《しゅん》」が続いている。

中国の歴史は全てその黄帝から始まり、堯、舜を経て開かれた夏王朝、商（殷）王朝、周王朝の三代の創始者も、全員が黄帝の後裔なのである。なぜなら、兵器や舟や車など様々な道具を作り、また、衣装の染色方法を発明し、文字や干支の制度を定めて文化的生活を享受させたのは、すべて黄帝の功であるとされているからだ。

中国人の始祖とされる「黄帝」

三皇五帝の伝説について、『史記』で「これは人間の歴史である」と記述されていることもあり、中国人が「黄帝」を漢民族の祖先と信じていることは確かなことである。

黄帝伝説は、中国・陝西省《せんせい》の黄土高原を中心に深く浸透している。それゆえに「黄」に対する崇拝の念は深いものがあるようだ。だから、歴代王朝の皇帝も就任すると必ず黄袍《こうほう》を身にまとい、陝西省黄陵県にある黄帝廟に参拝し、王朝の発展を祈願するという。習近平国家主席の時はわからないが、毛沢東の時代、江沢民の国家主席就任の時においては、この習慣は踏襲されている。

●古代の理想の禅譲政治「堯・舜」

黄帝から4代目に当たる堯《ぎょう》は「その仁は天のよう、その知は神のよう」といわれるほど徳があった。その堯は後継者に悩んでおり、自分の息子ではなく、まわりのものが薦める舜《しゅん》を登用しようと考えた。

堯は舜に対して家庭を治められるか」「人民を正しく導けるか」「官僚たちを統括できるか」「国外の諸侯や賓客に尊敬されるか」、そして「自然をも知ることができるか」などの試験を課したが、舜はすべてにおいて秩序正しく職務を尽くしていた。そこで、舜に政治を代行させることにしたのだ。徳のある堯はこうして、徳の優れた舜に位を譲った。その後も、舜は堯と同様のやり方で、「禹《う》」を自分の後継者とする。堯から舜、舜から禹《う》への譲位は帝位継承の理想的な在り方が示された禅譲政治である。

ところが、禹が没した後、その息子の啓《けい》が帝となり、以後、夏王朝の帝位は世襲で受け継がれていった。『史記』の本紀では、「夏本紀」にしても「殷本紀」にしても、世襲を続けた果てには、最後に暴虐な王が現れて、王朝が滅亡する物語となっている。

史実として惨めな王朝の最期を知っていた司馬遷は、天下が生まれた瞬間に「正統」が存在していたということにしたかったのだろう。そのため、古代王朝の誕生前に、理想の帝王神話を創造し加えたかったのだ。その理想の帝王が黄帝、堯・舜らの五帝である。当然のことながら、考古学的に彼らの遺物が発見されているわけではない。

日本のある国会議員が国会で「堯・舜は、仁義の道を実践し上下秩序の識別を説き、聖人の理想的モデルとされる禅譲政治を行った」と徳治を訴えていたことがあったが、国会議員の中にも、そのような発言をする人がいることに大変驚いた。

そのような人物は架空の話の中でしか存在しないし、そもそも中国で徳治政治が行われたことはないのだから。

●中国の建国記念日

黄帝が漢民族の祖であるといわれることから、清王朝の時代に黄帝の即位を紀元とする紀年法が考案され、「黄帝紀元」が公用化されたこともあった。1911年10月10日に辛亥革命が起きた時、黄帝が即位した紀元前2698年を元年とし、1911年を黄紀4609年とする紀年としたのである。しかし、孫文が中華民国臨時大統領に就任すると、黄帝4609年11月13日（西暦1912年1月1日）を中華民国元年元旦とすると通達し、黄紀の使用は停止された。これが中華民国の建国日となった。

その後、1921年7月に中国共産党が誕生し、大陸での中華民国・国民党との内戦に勝利して、毛沢東が北京の天安門広場で「ここに中華人民共和国の成立を宣言する」と叫んだのが1949年10月1日のことである。この日が中華人民共和国（中国）の建国記念日である。

日本の建国記念日は、初代天皇・神武天皇が即位したとされる、紀元前660年の1月1日（現在の2月11日）である。

このように複数の建国記念日が存在することが、中国が連綿と続いた王朝でないことを物語っている。

●神話の出典は司馬遷の『史記』

司馬遷の『史記』は、紀元前97年頃の前漢時代に完成された大歴史書だ。黄帝の時代から司馬遷が生きていた時代までは、優に２０００年もの開きがある。そこに書かれたすべてを人間の歴史であるというには、やや無理を感じるというものだ。

司馬遷が生きていた頃は日本は弥生時代中期にあたり、日本の歴史はこれからはじまろうとする頃である。日本神話から推古天皇（即位５９２年）までの歴史について書かれた『古事記』の成立が７１２年で、その８年後に律令国家建設に不可欠な国の正史としての『日本書紀』が完成している。

つまり、中国では、日本より実に８００年以上前に正史が書かれたということになる。しかも、その内容は約２０００年間の歴史が記述されているのだ。

『史記』の冒頭にあるのが「五帝本紀」で、五帝の初代・黄帝から、各王朝の盛衰が書かれている。また、「酒池肉林」「太公望」「臥薪嘗胆」「呉越同舟」「先従隗始（まず隗より始めよ）」などの味わい深い故事が記されるのも、この『史記』である。

『史記』の中には、古代中国の人々の生き方や考え方、それに発明や発見、習慣など、日本に影響を与えてきたものも少なくなく、現代に生きる我々にとっても興味がそそられる歴史書である。

●伝説の夏王朝？

五帝のあと、古代中国は夏王朝から、商（殷）王朝、周王朝と引き継がれることになるが、この夏王朝の存在については、いまだなお謎が多く、幻の王朝とされている。存在が実証されているのは、この次の商（殷）王朝からである。

今までに発見された、夏王朝初期の都と推定されている遺跡には、河南省登封《とうほう》市の「登封王城崗《とうほうおうじょうこう》遺跡」や、青銅器や陶器が発掘された河南省偃師《えんし》市の「偃師《えんし》二里頭《にりとう》遺跡」があるが、いずれも夏王朝のものであるとは確定されていない。また、２００４年10月、中国社会科学院は、河南省新密《しんみつ》市に夏王朝で最初に造られたと見られる都城跡が発見されたと発表した。これは夏王朝2代目の帝・啓《けい》が造った都の可能性が高いと指摘されているが、それでも明らかにされていない。

しかし、現在でも発掘や研究を続ける研究者によると、商（殷）の湯王《とうおう》が初めて建設した都「西亳《せいはく》」はもともと夏王朝時代の中心部であり、商王朝はその機能を引き継いだとされている。とすれば、夏王朝時代にも一定水準を満たす文化が存在していたとしても不思議ではない。

夏王朝の始祖は禹《う》だとされているが、禹は伝説上の帝王ということになっている。それでも、禹の名を冠した伝説的遺跡は、中国のあちこちにある。

堯の跡を継いだ舜から治水を命じられた禹は、失敗した父の汚名返上のため、家に13年も帰らず、各地を遍歴し治水に成功した人物とされている。そして、舜の跡を継ぎ天子となり、夏王朝を開いたと伝えられている。

同じ頃、黄河中・下流域に勢力を誇っていた「商」と自称する部族がいた。商を率いる契《せつ》という人物が舜を補佐し、洛陽盆地に領地を与えられ、子々孫々続いていた。その契から13代目の子孫にあたるのが、湯王である。湯王は少々厳格な指導者だったが、「禽獣までにその徳が及んでいる」と諸侯たちがいうほど、彼に備わる徳は最高といわれていた。

湯王が商の指導者として台頭する頃には、夏王朝の評価は地に堕ちていた。当時の帝であった17代目の桀《けつ》は暴虐の限りを尽くした政治を行い、民衆からの評判も大変悪く、周辺の諸侯が反乱を起こした。悪逆の桀の傍には悪女があり、妹嬉《ばっき》という女性の色香に迷っていたのだ。

そこで、湯王は諸侯を率いて軍を起こし、桀を征伐した。こうして、400年余りに及んだ夏王朝は滅んだ。商（殷）王朝の誕生である。

こうした歴史が伝えられるが、夏王朝はまだあくまでも神話上の歴史であり、実在が確認されていない王朝の話である。

それでは、歴史上の実在が立証されている王朝の歴史を次項から辿っていこう。

02 高度な文明が発達した商（殷）王朝

●**商王朝の誕生**

商王朝及び商（殷）王朝は紀元前１６００年頃から紀元前１０４６年までの約５５０年間、黄河中流域の洛陽盆地（現在の河南省）を中心に栄え、高度な文明を発達させた王朝である。

黄河流域の中でも洛陽盆地を中心とした「中原《ちゅうげん》」といわれる地域は、農耕をする上でも商売交易をする上でも唯一最大の地の利を有していたことから、古代から中国の政治的・文化的中心地となった地域である。それと同時に、覇権争奪戦においても重要な場所であった。だから、諸侯は当然このおいしい土地を巡って、攻防を繰り返していた。

特に、洛陽周辺は黄河の岸が低くなっており悠々と対岸に渡れたことから、多くの人々がこの周辺に集まり、交易する絶好の場所となった。

王朝名にもなっている「商」という漢字から連想される熟語に、「商業」や「商売」、「商人」などが挙げられるだろう。この古代王朝が交易に関係する文字「商」を使っていたのは、偶然ではなかった。

黄帝から5代目に当たる舜《しゅん》の時代から、洛陽周辺に領地を与えられ定住していた部族は、やがて交易の城を築き、物を遠くまで運びどんどん商圏を拡大していった。それが、のちに「商」と自称する部族である。彼らは、洛陽周辺にそれぞれ住みついている他の部族とも交易を始めていった。

こうして交易の場として発展した結果、生まれたのが最初の城郭都市文明であり、その都市の支配者が王を名乗ることとなる。つまり、この市場で交易をする商人集団のトップが王と呼ばれていたということだ。その王が、夏王朝を倒した商王朝の湯王だった。

城郭都市の王は、その都市の城門を商人が通過する際に納められる税によって個人的収入を得ていたが、王自身もまた交易を行い、大いに儲けていたという。したがって、城内にある交易物産を狙いにくる外敵から都市を守ることは王自身にとっても重要な仕事であった。そこで、外敵の侵入を防ぐために、交易する場所が地ならしされ、道路が造られ、都市全体がその名の通り土や石で作られた城壁で囲まれたのである。

特にこの洛陽盆地周辺は、部族、民族間の争いが頻発していた地域であったので、城郭都市の壁はより堅固で高い壁になっているようだ。

民が城郭都市の中で商売をする場合、中にある管理事務所で組合員として登録しなければならなかった。登録を終えると、その民は3つの義務を負うことになる。

1つ目は、組合費としての税金「租」を現物納付すること。2つ目は、市場の設備維持や修理のための労働力を提供すること。3つ目は兵役に服することであった。

彼らは、この3つの義務を果たしつつ、内部全体が市場である城郭都市の中で商売をしながら生活していたのだ。

このような交易から城郭都市文明が興隆していったのだが、商初期の遺跡からその一端を知ることができる。それが、河南省偃師《えんし》市にある「偃師《えんし》商城遺跡」である。

この遺跡は夏王朝を滅ぼした湯王が初めて造った都「西亳《せいはく》」だと推定される。文字どおり「商の城」であるが、対夏王朝の戦略的拠点とも言われている。

ここは初代から9代まで続いた都であり、青銅器を鋳造する工房や墓地が発掘され、商王朝最古の宮殿遺跡とされている。その形状は南北1・7キロメートル、東西1・2キロメートルにおよぶ長方形で、7ヶ所の城門が確認され、外城、内城、宮城の三重の城壁で囲まれた城郭都市である。

また、河南省鄭州《ていしゅう》市の「鄭州《ていしゅう》商城遺跡」も商王朝前期の遺構で、総延長7キロメートルの巨大な長方形をした城壁に囲まれている。この城壁は杵《きね》で1層ずつ上を突き固める工法で築かれている。

●商（殷）王朝の築いた文明

ところで、商王朝は始祖の代から湯王が西亳に遷都するまでに8回、さらに殷に遷都するまでに5回も都を遷している。なぜ、これほど都を転々と遷していたのだろうか？

それは、商王朝の出自が遊牧民であったからではないかといわれている。遊牧民は元来、1ヶ所に定住することなく、居住地を転々としながら牧畜を行い生活している。その慣習をそのまま適用させたのなら都を何度も遷すのも当然かもしれないが、それ以上に、他部族からの攻撃があった。同じチベット系の遊牧民羌《きょう》族から圧迫され、遷都を余儀なくされることも大いにあったようだ。

このように商王朝は都を転々としていたが、紀元前1300年頃、19代目の盤庚《ばんこう》が遷都した地の「殷」は、王朝が滅びる紀元前1046年まで、およそ250年にわたって都として機能した。

なお、前述の通り、ここでは殷に遷都した後の王朝を「商（殷）」と表記することにする。

この「殷墟」、つまり商（殷）の都跡は河南省安陽市にあり、総面積24平方キロメートルにも及ぶ規模である。ところが、この都跡からは、古代城郭都市の特徴である城壁の跡が見つかっていない。自然の地形を利用したのかもしれないが、人工的に造られた城壁がなかったとすると、その遺跡の発見は困難だったはずだ。

それは、日清戦争が終わって4年後の1899年の秋ごろのことだった。清王朝の高官である王懿《おうい》栄《えい》が、持病の薬として漢方薬店から買い求めた「龍骨」に、古代文字らしきものが刻まれているのを発見したのがきっかけであった。

この骨の出所を辿っていくと、安陽市の小屯という村の農民が掘り出した「甲骨《こうこつ》」であることが判明した。これは亀の甲羅、あるいは牛や鹿の骨を焼き、そのひび割れの状態によって吉凶を判断するという古代の占いに用いられたものであり、甲骨にはその結果が刻み込まれていた。

とはいえ、すぐには調査は始まらず、この甲骨が発見されてから30年近くが経った頃にようやく発掘調査が行われた。本格的な調査が始まるのは1949年の中華人民共和国成立以降であり、今日にまで及んでいる。

その調査で甲骨文が解読されるにしたがって、『史記』に記されていることは史実であることが裏付けられてきた。例えば、甲骨はすでに10万片以上発掘されており、そのうち2000文字弱が解読されているようだが、甲骨文に刻まれている帝王の名前と『史記』の記録が一致していたのである。ちなみに、この甲骨文に使われる文字が、現在我々が使っている漢字の原型になっている。

中国・河南省安陽市にある殷墟。『史記』では19代目の盤庚が都を殷に遷したとされているが、この周辺から発見された８つの王の墳墓から、考古学的には22代目の武丁《ぶてい》が遷都したと考えられている。（© Yinxu and licensed for reuse under Creative Commons Licence）

さらに、甲骨と一緒に発掘された板を放射性炭素年代測定法で調査分析した結果、約3155年前の、つまり商（殷）の時代の板であることも確認されたということである。

この殷墟からは、青銅器を鋳造する工房跡や骨器や玉器をつくるための工房跡も発掘されている。その他、陶器や青銅器や象牙器も出土されたが、1939年3月には安陽市で精巧で巨大な青銅製の鼎《かなえ》が出土された。

これは「司母戊鼎《しぼぼてい》」といわれるもので、高さが

司母戊鼎。中国で造られた青銅器の中で最も重いとされる。

1・37メートル、長さが1・1メートル、幅が0・77メートル、重さが875キログラムもある巨大な鼎《かなえ》であった。司母とは王位継承者の母の意味であるが、鼎の内壁に書かれた銘文に「王が母を祭るために鋳造されたものとされる」と刻まれていることから、いわゆる、祖先神を祀る際に用いられた神器ではなく、天下を制した王室がもつべき鼎とされてきたようだ。したがって、商（殷）王朝が滅ぶと周王朝に引き継がれたが、周の天命が尽きた時、移動中に泗水《しすい》の川に沈んだという。「鼎の軽重を問う」といえば、権威のある者にその実力を試みるという意味で、現在の日本においても使われる言葉だ。

いずれにしても、商（殷）時代の青銅文化は高度に発達した技術水準にあり、周辺諸国を圧倒していたようだ。

また、この殷墟の殷王の大墳墓からは、大量の豪華な金銀宝石の副葬品とともに、多数の人骨が発掘されている。墓道の壁面に多数の首なし骸骨と頭骸骨が配列されていたのだ。専門家の分析では、2600人以上が埋葬者の先祖に対する生贄として屠殺されたと見られており、それに選ばれたのが、商（殷）王朝と敵対関係にあった羌族《きょう》だったと考えられている。

すでに述べてある通り、羌族は遊牧民である。この時代の羌族はチベット高原から羊を追いながら東に移動し、渭水《いすい》方面からさらに洛陽盆地方面にも頻繁に出没していた。

商は羌族から攻撃を受けるたびに遷都を繰り返し、都を殷に移しても攻撃を受け続けていたため、羌族への恨みは深まるばかりであった。当時の商（殷）の政治は、占いで神に伺いをたてて行う神権政治をとっており、祭祀には生贄が必要とされ、従来は祭壇への犠牲用供物として、羊、牛、豚などが捧げられていた。

やがて、恨みが頂点に達した商（殷）王朝は人狩りによって羌族を多く捕獲し、羊の代わりにその首を生贄として供えるようになった。これが商（殷）の暴虐なのである。


商（殷）の30代目の帝・紂王《ちゅうおう》は中原における支配領域を拡大し、その上青銅文化を発展させた功績が大きく有能な人間と評価されたが、だからといって人格者ではなかった。

紂王も夏の桀《けつ》と同じようにその傍らには悪女があり、妲己《だっき》という女性の色香に狂っていたのだ。紂王は妃の妲己を寵愛し、彼女にいわれるままに怠惰な生活を送っていた。庭の池に酒を満たし、木に肉をぶら下げ、池で美女たちと戯れて遊ぶのが常であった。これが「酒池肉林」の語源である。

この頃、渭水盆地（現・陝西省西安市）に夏王朝の遺民の流れに繋がる「周」という部族が勢力を誇示していた。周辺の諸部族と友好関係を築き、商（殷）にとって強力な対抗馬に成長していた。

そして、周の15代の帝・文王《ぶんおう》は、かつて侵攻を受けた恨みを果たそうと商（殷）打倒を決意し、その準備のため、やはり一族を生贄にされ商（殷）に深い恨みを抱いていた羌族のリーダー・呂尚《りょしょう》を師に迎えた。

周の16代・武王は、呂尚に大いに助けられ、暴虐の限りを尽くしていた紂王を討伐した。紀元前1046年、商（殷）王朝は550年に及ぶ政権に幕を閉じた。

商（殷）滅亡後には、殷からは住民がどんどん離れ、都としての栄華を次第に失っていく。あの遺構が「殷墟」と呼ばれるのはそのためである。

●易姓革命

暴虐の限りを尽くした商（殷）の紂王は周の武王により討伐されたが、この行為は「易姓革命《えきせいかくめい》」といわれる、中華史観に基づいた伝統的な政権交代の様式である。この「易姓革命」によって古代中国は、夏王朝、商（殷）王朝、周王朝と引き継がれてきた。

「討伐」とは前政権の支配者を次の支配者が討つことに他ならないが、中国においては、そこに「明確な理由」が存在する。

暴虐な統治者が現れると、次の天子となるべき有徳の者が天命により遣わされ、天下のために討伐し都から追放するのだ。つまり、討たれる者は、然るべくして、然るべき者に征伐されるのである。

この「徳を失くした統治者が天命により、別の姓の統治者に改まり変わる」という中国の思想に基づいた政権交代が、「易姓革命」と言われるものである。そして、その天命を受けた統治者こそが正統であると、中国人は考えるのである。

古代中国では、この易姓革命を大義名分にして、禅譲という形ではなく武力により政権を奪っていった。その武力は統治者だけでなく、周辺異民族にも向けられ、侵略や抹殺も行われた。

この思想は商（殷）の湯王が夏の暴虐の桀を討伐した時から王朝交代期に必ず見られるもので、それ以来支配者から民に至るまで深く浸透している。万世一系の天皇制が続いている日本では想像しにくい思想だ。

こうした武力による政権交代の裏では、多くの人民が犠牲になる。先に述べたように、犠牲になるのは当事者だけでなく、周辺の異民族も含まれる。

この易姓革命における人民の被害を理解する上で、商（殷）の時代から清の時代までの人口変遷を記した資料を見てみたい。引用部分は唐王朝までで、商（殷）から周の時代は、人民でなく王侯家臣の統計である。ここに記された数字を見ていると、王朝の交代期に数千万人単位で人口が激減していることがおわかりいただけるだろう。民を人とも思わぬ虐殺は、古代に端をなすのである。

（参考資料：『満鉄調査月報』（1942年10月発行、第22巻）より「支那人口の歴史的考察（上・下）」イヴァン・イリイチ・ザハーロフ著、布村一夫訳）

【王侯家臣の推移】

商王朝　前1766年　3000人
周王朝　前1122年　1773人（※王朝交代による抗争で1227人減）

【人口の推移】

周王朝　前685年　1194万人
秦王朝　前255年　176万人（※王朝交代による抗争で1018万人減）
漢王朝　後157年　5648万人
三国時代　220～242年　763万人（※三国覇権争いで4885万人減）
西晋　280年　1616万人
隋王朝　581年　900万人（※王朝交代による抗争で716万人減）
唐王朝　742年　4531万人
　760年　1699万人（※755年からの安史の乱で2832万人減）

03 徳治政治と讃えられる周王朝

●中華思想の芽生え

中国がＧＤＰ（国内総生産）で日本を抜き世界第2位となったのは、２０１０年のことだ。それ以来、その後ろ盾を得て、中国は国際社会の中で大国として振舞うようになってきた。

特に、２０１２年12月に国家主席に就任した習近平が所信表明で「中華民族の偉大な復興」と繰り返し述べてから、周辺諸国との軋轢や紛争が目立ってきたように見える。南シナ海における領域紛争や、尖閣諸島問題が身近な例である。

習近平が言っている「中華民族の偉大な復興」とは、つまりは「中華思想の復活」のことである。では「中華思想」とはどのような思想だろうか？　それは、今から約３０００年前の周王朝時代に、すでに芽生えていたものだ。

その頃、諸侯たちは封建制のもとで団結していたので周の支配領域内では平和が保たれていたが、周辺異民族との争いは依然として起こっていた。いざ戦争となると、当時としては最先端の青銅製の戦闘用武器を身に付けた周族は、周辺異民族をいとも簡単に圧倒し討伐していた。

何度も繰り返される戦争を通じて、最先端の武器を使い、すでに漢字も使用していた周族は、周辺異民族に対して鳥獣昆虫の名前をつけ、「自分たちよりも文化的に劣る民族」を意味する蔑称で呼ぶようになった。周時代の政治規模は四方百里（1里＝約540メートル）と言われるから、都の鎬京《こうけい》（現・陝西省《せんせいしょう》西安市）を中心に半径54キロメートル以遠の異民族に対して蔑称を用いて、異民族を卑しむ考え方が生まれ始めていたのである。

東方面の異民族は「東夷《とうい》」、西方面の異民族は「西戎《せいじゅう》」、南方面の異民族は「南蛮《なんばん》」、北方面の異民族は「北狄《ほくてき》」と呼ばれた。東夷の「夷」は「大」に「弓」を書いている。「弓」は戦争を、「大」は「大いに」を意味するから、好戦的な民族のことになる。南蛮は「南」に住む「蛮人」、つまり「下品で乱暴な未開民族」の意で、部首に「虫」を使い「人ではない」ことを示した悪字である。「戎」や「狄」も同様の意味である。古代日本でも、朝廷に従わない東方の集団を「蝦夷《えみし》」と呼んでいた。

やがて、青銅器へ銘文を鋳込む技術をも生み出し自信を得た周族は、「自分たちこそ世界の中心なのだ」と自惚れ始めた。それに加えて、「周辺異民族は文化が進んでいる我々に頭を下げてくるべきだ」と、封建制の道徳的規範である「礼」を強要することも思いついた。

これらの思いが、後に「中華思想」と呼ばれる思想の原型となった。「中華思想」は次の春秋時代に思想・理論として形成され、「易姓革命思想」とともに中国の歴史を動かす原動力となっていくのである。

●周時代が見える金文

この時代は、日本ではまだ土器や石器を使い、竪穴住居で暮らす縄文時代であった。

その点を意識すると、すでに青銅器へ銘文を鋳込む技術を独占し確立していた、周王朝の技術力の高さに驚くばかりである。青銅器に銘文を鋳込んで金文を作る場合は、青銅器を鋳造する過程で、銘文用の鋳型を青銅器の鋳型の内壁にとりつけて鋳造するそうだ。その技術は他の諸侯でも真似できないほど高水準にあったといわれている。

「青銅器に銘文を鋳込んだり、彫ったりした文字」を「金文」と総称しているが、金文といっても文字通りの金の文字ではなく、銅と錫でつくられる青銅器は当時、金にも匹敵するほど価値があったのでそう呼んでいるだけである。金文は、主に周時代のものが有名である。

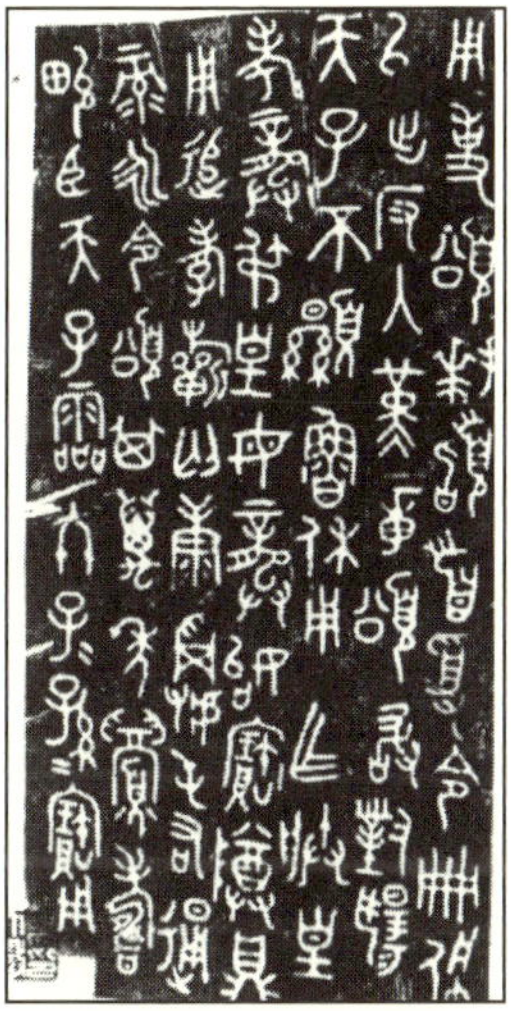

青銅器の内側に彫られた金文

金文は後から書かれた『史記』とは異なり当時の実情をありのまま伝えるだけに、非常に貴重な資料だ。金文の多くは「青銅器の里」とも言われる「周原《しゅうげん》遺跡」から発掘されている。陝西省宝鶏《ほうけい》市岐山《きざん》県の近くの、周人の発祥地とされている周原遺跡は1976年から発掘調査が行われ、ここから周代初期のものとされる数多くの青銅器や甲骨文が出土し、大型建築群の遺構も発見された。

金文は商（殷）の時代にも見られたが、文字数が10程度と少ないものばかりであった。それが周時代になると、500文字程が鋳込まれた金文が多くなっている。その後、技術はさらに進歩して、金文として鋳込まれる文字の数は4000文字にもなり、そのうち約2000文字が解読されているという。

こうして、鋳造技術の向上と使用文字の増幅によって、商（殷）時代には神聖なものとして限定されていた青銅器の利用範囲が大幅に広がったのである。

周時代には、王朝内部に関する事柄だけでなく、社会情勢についての銘文を青銅器の鼎や鐘に刻み、記録として残していた。例えば、周王が貴族を封じたこと、戦功を挙げて周王が褒章を与えたこと、商（殷）王朝の滅亡から学んだ教訓、政治方針、周辺地域への討伐、土地争いの解決案などが刻まれている。周王室は、これらの金文を諸侯の祖先祭祀用に使用させ、周王の権威を高めるのに大いに役立てていたようだ。

では、その一部が金文によって伝えられている周王朝の統治の実情は、どのようなものであったのだろうか？

●周王朝（西周時代）の統治

周王朝は紀元前1100年から紀元前221年まで約880年間も続いた王朝で、これは歴代王朝の中で最も長い。2番目に長い漢王朝が400年間なので、際立った長期王朝だといえる。

なお、周王朝が成立した時の都・鎬京《こうけい》から、洛邑《らくゆう》（現・河南省洛陽市）に遷都する紀元前770年までを「西周時代」、それから秦が中国を統一するまでを「東周時代（春秋戦国時代）」と呼び区別する。

商（殷）を破った周の武王は、「周王朝」を樹立してから2年後に亡くなってしまった。その時、武王の子・成王はまだ幼く、武王の弟である周公旦《しゅうこうたん》（以下、周公）は王位を奪おうとすればできたはずだが、そうはしなかった。与えられた魯《ろ》の地には代わりにわが子を赴かせ、成王が成長するまでの間、摂政政治を行ったのである。

初期の周王朝を支えた周公旦（生没年不詳）

周公は、商（殷）末期の暴虐政治を見て、占いを重視した祭政一致の神権政治ではとても国土は治められないと判断し、「礼」を道徳的規範とする礼政一致の封建政治を築くことにした。

それには、まず、周王の一族と功臣と諸侯に対して、それぞれ王領の土地と人民の支配権を与え、諸侯として世襲させることにした。諸侯の下には「卿《けい》」「大夫《たいふ》」「士《し》」という階級制度を設け、それぞれの階級に合わせて領地を支配させた。士以上が貴族身分・支配階級にあたり、彼らの身分も世襲されていくことになったので社会も安泰であった。

これがいわゆる「封建制」と呼ばれるもので、周王朝の政治体制を強固にする要因となったものである。

封建制を支えるため、周公は諸侯や民に血縁関係を重視させた。この封建体制は、宗族《そうぞく》という父系同族集団、つまり周という同じ姓をもつ父系の親族集団で構成されている。さらに、共通の祖先祭祀などを行う時には、宗法《そうほう》という親族集団内の上下関係や秩序を定めた道徳的規範のもとで、常に一族の団結と秩序を守っていた。その規範が「礼」である。

俗っぽくいうと、宗法では周の王は本家で、諸侯は分家である。「卿」「大夫」「士」はそのまたさらに分家になる。分家は本家に逆らってはいけないのだ。

封建制に組み込まれた貴族階級の臣下たちは秩序を守り集団を形成していたが、一方、人民に対しては厳しい刑罰が行われ、五刑（入れ墨、鼻そぎ、足切り、去勢、死刑）の他に、鞭や贖罪などで規制されていたようだ。

周公という人物は、自ら率先して「礼」を尽くすことによって封建制を築くことに心血を注いだという。周公は、武王の弟の中でも飛び抜けた英才で、周囲からの信頼も厚く絶大な権力が与えられた。案の定、まわりの人々が彼が王なのではないかと錯覚するほどの手腕を見せ、封建政治の体制作りを成し遂げた。

そのような才を持ちながらも、周公は王に尽くし、反旗を翻すようなことはしなかった。周王朝樹立当初も、周公は常に武王を立て補佐役として気配りを見せていた。周王朝を、武王のもとに統一しなければならないと考えたからであった。やがて、幼かった成王が成人した時には、彼は潔く政権を奉還した。

また、自分の代わりに魯に赴くことになったわが子に対しては、「私は運よく高い地位に就くことができたが、人々が急に訪ねてきても、身なりを良く整え礼をもって会うようにしている。お前は若くして魯の国君となったが、間違っても傲慢になってはならない」と諭している。周公がいう「人に会うのに手間ひまを惜しむな、礼を尽くせ」の教えは、後に日本で帝王学の基本となった。

１９７２年に日中共同声明に調印した、周王朝と同じ漢字を持つ周恩来について、当時の日本の新聞社は盛んに報道していた記憶がある。その一つが、「周恩来は激務の中でもよく人に会い、よく人を遇していた」というものだった。これは周公の考えを知っての行動だったのだろうか。

一つ述べておきたいのは、周公の行った政治はあくまでも諸侯を統治したものであるということだ。周公より５００年ほど後に生まれた孔子は、「為政者に徳があれば、民も感化されてよく治まる」と周公に理想的政治の実現を見たといっている。しかし、それは家族や宗族の規模でしか機能しておらず、礼を重んじると言っても、人間関係を全て礼によって形式的に取り仕切ろうとしただけで、民に及ぶものではなかった。

したがって、周公の政治は徳による徳治政治ではなく、礼に基づく封建政治である。

周公の時代に封建政治が築かれてから、周王朝は3代康王《こうおう》のときに最盛期を迎えたが、それ以降は諸侯との関係が悪化し周辺異民族と争うことが増え、決して安泰だったとはいえない。

3代目の即位から約200年後、11代宣王《せんおう》が即位すると周王朝はわずかに息を吹き返したものの、12代幽王《ゆうおう》の時代に立太子を巡る内紛が起きた。幽王は、寵愛していた後宮褒姒《ほうじ》との間に伯服《はくふく》という子どもが生まれると、本来の正妃申后《しんこう》と太子である宜臼《ぎきゅう》を排し、代わりに褒姒を第一夫人に、伯服を跡継ぎにしようとした。

それに反対する申后側は、異民族である犬戎《けんじゅう》とともに都・鎬京を占領し、幽王を殺害した。これにより西周の330年間に及んだ歴史は、紀元前770年に幕を下ろした。夏、商（殷）と同じように、王が女性を寵愛したことで国を滅ぼしたのである。

この後、宜臼が平王《へいおう》として即位し、洛邑《らくゆう》（後の洛陽）に逃れ周を再興した。これ以降を東周時代と呼ぶ。

古代王朝が次々と女性のため滅んだというのは、偏見が生んだ作り話ではないかと思いたくなるが、中国4000年の歴史の中では、それほど珍しいことではないのである。

04 勃発する覇権争い―春秋戦国時代

●華夏族とは

平成24年10月、NHKで中国の歴史教育に関する番組を放送していた。そこに映し出されたのは、北京市内の小学校の授業で「我々は華夏《かか》の子孫です」と教育し、「華夏」と習字で書かせている映像だった。そのような教育が小学生の頃より徹底されているから、「華夏」という言葉は中国人によく浸透しているのであろう。中国本土では黄河文明を「華夏文明」と呼ぶ中国人が多いという。

この映像を見た中国の歴史に詳しくない視聴者は、「中国人の祖先は華夏族なのか」と、まるで「華夏族」が単一な部族であるような印象を受けたことだろう。

しかし、彼らは単一の部族ではなく、「北西方面から黄河流域の中原にやってきた多くの遊牧民がそこに定住し始め、他の異民族との融合及び統合を繰り返しながら形成されてきた」というべきだ。

前項で「中華思想」についてふれたが、華夏族とは、「自分たちこそが世界の中心だ」「周辺異民族は文化が進んでいる我々に頭を下げるべきだ」と言い出した、周族のことである。

華夏族といわれる周族のルーツは、どこにあるのだろうか？

彼らは、紀元前1100年、商（殷）王朝末代の紂王を討ち取った周王朝の創立者・武王の一族である。彼らはその直後、中原の洛陽盆地に定住し幾多の興亡を繰り返しながら、中国の伝説上の先聖王（五帝）である黄帝、顓頊《せんぎょく》帝、嚳《こく》帝、堯帝、舜帝にあやかりたいと思い、「華族」と自称して部族をなしていた。「華」の由来は、洛陽盆地の西端、洛河《らくが》の発源となる秀峰・「華山」からきているようだ。さらに、夏王朝の創立者・禹《う》の末裔が「夏族」と言われていたことから、その字も取って「華夏族」と呼ぶようになったのである。

この華夏族が、諸侯たちの覇権争いが繰り広げられた春秋時代に中原の覇者となった部族だ。そして華夏族は漢時代に入ると、「漢民族」と呼ばれるようになる。

●春秋時代――中原の覇者となった華夏族

東周時代（春秋戦国時代）の549年間のうち、前半にあたる紀元前770年～紀元前403年までの367年間を、春秋時代と呼ぶ。

それ以前の西周時代には、諸侯の仲間入りをする時には、周の礼に従うことを象徴する賜物《たまもの》と、周王の誓命《せんめい》を受け取ることによって、初めて周の封建諸侯となるという慣例があった。

ところが、東周の宜臼《ぎきゅう》が洛邑で平王として即位する頃には、西周時代に築かれていた封建制はすでに崩壊しており、政治的に弱体化してしまった。平王は諸侯を率いることができず、かつての栄光は二度と戻ってこなかった。ここから、世の中の秩序を乱す混乱と殺戮が始まったのだ。

周王への従属から解放された諸侯たちだったが、洛邑周辺という狭い領域をどうにか支配する程度の力しかなく、こちらも弱体化していた。そんな中でも、わずかながら周王朝の権威を尊重していた諸侯たちもいたそうである。

春秋時代初期には140余もあった諸侯も、やがてそれぞれが次の覇権を狙い、弱小国に戦争を仕掛けて人間や土地、財産を略奪していくようになった。

こうした覇権争いの末に、中原で強大な権力を獲得した最初の覇者が、斉《さい》の桓公《かんこう》であった。桓公もまた、周族をルーツとする華夏族の者である。

中原を制したとはいえ、周囲には依然として多くの夷狄《いてき》が存在した。洛邑を中心に、東方面には東夷と呼ぶ黄河や淮河《わいが》のデルタ地帯の農耕漁労民、北方面には北狄と呼ぶ山西高原や内蒙古の狩猟民、西方面には西戎と呼ぶ甘粛《かんしゅく》省南部などの遊牧民、そして南方面には南蛮と呼ぶ河南省西部・四川省東部・湖北省湖南省西部の焼畑農耕民がいた。

これらの周辺異民族は、華夏族から見れば格下の相手ではあったが、そのうちの南蛮と呼ばれた地域には、長江文明の流れをくむ巴、蜀、楚、呉、越が虎視眈々と中原進出を狙っていたのだった。

国力を増強していた斉は、北上してきた南蛮の楚を一度は見事に退散させた。ところが、力をつけていくのは他国も同じである。楚が再び襲来してくるとなると、戦力面の不安は隠せなかった。

そこで、斉の桓公は、周辺諸侯と同盟を組み、戦力を整えることにした。紀元前651年、斉は周

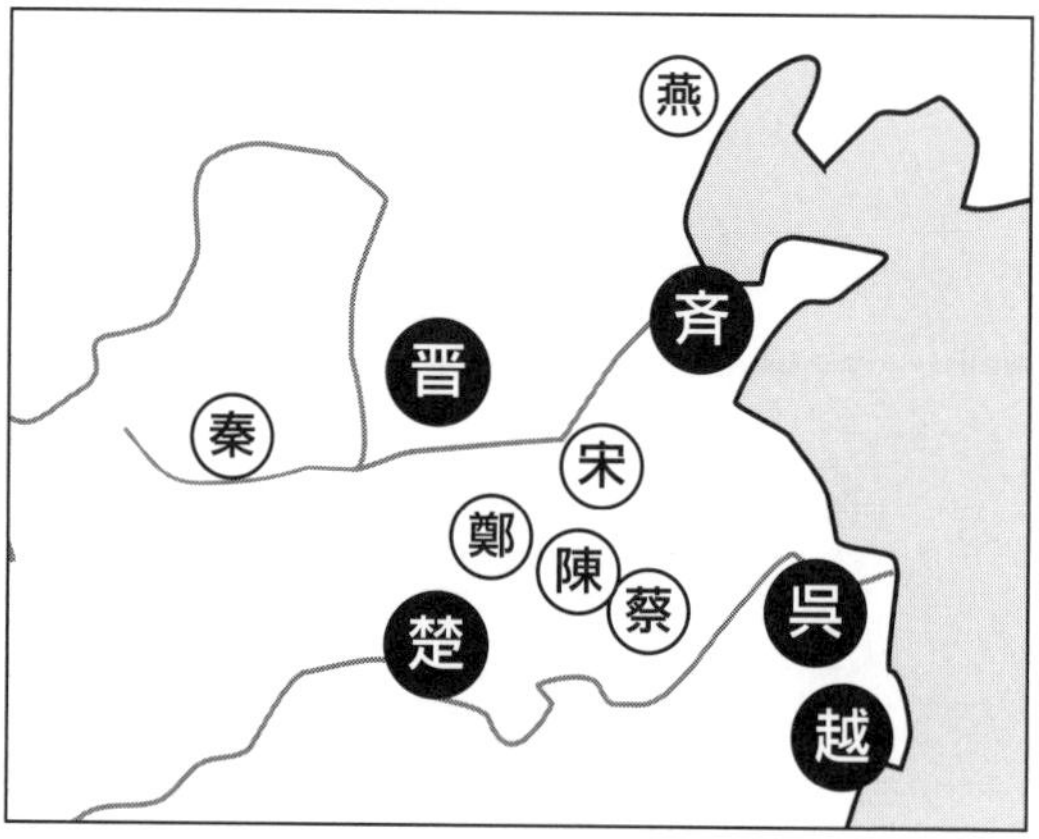

春秋時代の大陸における勢力図。白抜きの文字で記した５つの国が、「春秋の五覇」と呼ばれた国々である。

王室の名の下に、王室を尊び夷狄を討ち払うという「尊王攘夷」をスローガンに掲げ、諸侯同盟を発足させたのである。この同盟は、斉のほかに晋、宋、秦、鄭が加わった。

しかし、中心となっていた斉の桓公が亡くなると、斉に代わって立ち上がった宋は紀元前６３８年に楚に敗退し、代わりに、斉の跡を継いだ晋が台頭してきた。

その後も戦乱は絶えることはなく、春秋時代の後半２４０年間だけでも、有力諸侯間の侵略や討伐戦争は合計１４８回にも達している。約２年間に１回戦争があったのだ。

その幾多の戦争の中でも、特に大規模な「春秋の四大会戦」といわれる戦争があった。

そのうちの３つの戦いは、いずれも華夏族の流れをくむ晋を中心とする諸侯同盟（晋、宋、斉、秦）と、楚を中心とする南蛮軍（楚、陳、蔡）との戦争である。紀元前６３２年は晋の勝利に、紀元前５９７年の戦いは楚の勝利、紀元前５７５年の戦いは晋の勝利に終わった。残り１つは、紀元前５８９年に勃発した、晋と斉の、つまり華夏同士の戦争であった。このときは晋の勝利に終わっている。

最初の晋軍と楚軍の戦争の際に晋の文公が諸侯と結んだ盟約の内容が、「春秋左氏伝」に書かれている。「春秋左氏伝」は儒教の基本経典・五経（詩経、書経、礼記、易経、春秋）のひとつである「春秋」の解説書で、魯の左丘明《さきゅうめい》によって記された。

盟約についての記述は次のものである。

「おのおの王室を助け、相害《そこな》うことなかれ。この盟に背く者あらば、神霊、これを誅《ころ》して、その軍を破滅せしめ、国を有《たも》つことを得ず、子、孫、玄孫に至るまで、老幼となく殃《わざわい》あらん」

このように、周の権威が無くなった後も、周の王室を助けることを大義名分として、それが楚に対して一致団結する有効な闘争理念となったようだ。

「春秋左氏伝」にはその他にも、人間の残虐性や国内の貧窮した状況が記される。

「晋軍が敗れ、兵は争って舟に乗った。船中の兵は早く舟を出そうとして、舟べりにすがってくる兵たちの指を切り落とした。指は両手ですくい上げることができるほどであった」

「我が国（宋）は、子どもを交換して食べ、死者の骨を割いて炊事をするほどになっている」

春秋時代も戦争が多く勃発したために、食べるものに困っていたことが想像できる。子どもの肉は特に栄養価が高いとされていたようだ。

この項に記した戦いのほとんどは、「周王室を奉ずる中原諸侯の斉、晋諸国」と「南方の長江文明の流れをくむ楚、越、呉諸国」の対立であり、「黄河文明と長江文明の戦い」とも「南北対立」とも言われている。それに加えて、「華夏」と「蛮夷」との戦い、つまり「中華思想に基づいて侵略範囲を拡大しようとする民族」と「それに対抗する民族の戦い」という視点を持つことが重要だろう。

一つ注意したいのが、南蛮の楚も、一時は華夏の者と認められたことがあるという点である。しかし、そののちに楚は再び彼らに戦いを挑み、敗れた。すると一度は認められていたにも関わらず、再び「蛮夷」と呼ばれたのである。

周時代に芽生えた中華思想は「周辺異民族」に礼を強要するものだったが、春秋時代には「わが民族に侵略する国も夷狄と同様」という思想に変貌を遂げながら、着実に形成されていった。

そして、夷狄に攻められたら侵略し返すことによって相手を服従させ、「中華思想」の勢力範囲を拡大していったのである。

●孔子の徳治政治

春秋時代の中期から戦国時代にかけて争いが続き、覇権争いにしのぎを削る諸侯たちの間にも、終わらない乱世に対する厭世感が広がっていた。天下を統一して早く平和を取り戻したいと考え、新たな統一原理を求めていた。

幸いなことに、周王朝の統治力が弱まったことで「思想の自由」が生まれた。そのような自由を手に入れられたのは中国4000年の歴史の中でも、この春秋戦国時代だけである。それに加えて、文字も普及してきていた。

こうした環境のもと、「諸子百家《しょしひゃっか》」と言われる数多くの思想家や学派が生まれた。

中国でいち早く思想集団を立ち上げたのが、儒教の思想家で形成される「儒家」である。その創始者が、春秋時代後半に生まれた孔子（紀元前５５２年～紀元前４７９年）だ。その孔子が掲げた代表的な思想が、君主の徳によって政治を行う「徳治主義」である。

一方、儒家に対する最大のライバル集団が、老子や荘子が身を置いた「道家」である。老子の「無為自然」、荘子の「相対主義」などの思想が有名だろう。他に、法家、墨家、陰陽家などの思想も生まれた。

彼らの思想は、表面上は平和を求めるかのようだが、実際には弱肉強食の世界でいかに自分たちだけが勝ち残れるかを練った策略を述べているのである。彼らの願いは、思想家同士の論争に勝ち、政治の世界で上層部に抜擢されることだった。その行動は、目先の利益を追求するものであり、現代の中国人にもその考え方が受け継がれているといえるだろう。

孔子（紀元前552～紀元前479年）

聖人君子のように伝えられる孔子も例外ではない。孔子はこの乱世において、500～600年前に樹立された周の初めに戻ることが一番だと考えていた。その理由は、「周の文化は夏と殷との2代を参考にしていて、華やかで立派」だからと語っている。（『論語』・八佾《はちいつ》第三の14より）

しかし、周の文化を高く評価し、その再現を望む本当の理由は、「礼」によって社会的身分が定められ、それに応じた差別によって社会的な調和がなされていたからであった。

孔子の説く徳治政治とは、「仁義の道を実践し、上下秩序の識別を説きながら、徳による王道で天下を治めるべき」という考えである。つまり、「為政者に徳があれば、民も感化されてよく治まる」ということだが、この徳治主義を受け入れて採用した国は、春秋戦国の乱世においては存在しない。

理由は明確である。そのとき400年あまりにわたって続いている戦乱は、周公の「礼に基づく封建政治」の時代に端を発しているからだ。そんなところへ孔子が「礼や倫理」による統治をいくら説いたところで、それを信用する国が出るはずもないだろう。

孔子は自身も政治家を目指したが大成しなかったので、晩年には仁と礼を身に付けた弟子を政治権力の中枢に送り込み、社会全体の道徳を向上させようとした。そうして最後まで「周の時代の初め」を取り戻すことを理想としたが、結局それが実現することはなかった。

戦国時代になると、孔子の弟子たちは対立関係にある多くの諸国から、頻繁に派遣の要請を受けるようになった。時を越えて孔子の思想が認められたのかと思いきや、それは、倫理道徳を説く人材としてよりも、文書作りの技術者としての要請であった。儒家が書いた外交文書でやりとりすれば、行き違いは起きないと言われるほどその技術は多くの諸国から評価されていたのだ。

諸国からみれば、倫理道徳の問題より、敵対関係にある目の前の問題を解決することが最優先と考えたのであろう。やはり、ここでも孔子の思想が受け入れられることはなかったようである。

ところで、孔子は「周公の政治」を理想として、しきりに「為政者に徳があれば、民も感化されてよく治まる」と述べているが、ここまでお読みいただいた読者の方であれば、それが実現していなかったことがおわかりだろう。

もしも周公の「礼」が民に及んでいれば、民も感化されて、厳しい刑罰など無用のはずである。民に対しては五刑などにより厳しい規制が行われていたことはすでに述べたとおりだ。だから、周公の「礼」は、民に及んでいないのだと断言してもおかしくはない。

中国では古代から、民は天下とか王朝の正統などとは無縁の存在であった。民は戦争の道具であり、作物を作って税を納めさせるための存在でしかない。現在の中国の政治理念にもそのような考えが反映されている。「無能な人民では何も決められないので、賢人が民衆の幸せのために『至善の政治』で決める」というものだ。賢人とは、選ばれたエリートの共産党員のことである。

孔子が聖人君子のように伝えられるのは、孔子が説いたその「徳治政治」の性質によるところが大きいだろう。門弟たちもまた、堯や舜、周の聖王をモデルにした徳治をしきりに強調しているが、天命を受けた「真命天子」が徳をもって万民を統率し、徳化したという歴史は現在にいたるまで存在しない。中国人も日本人も、孔子の抱いた「願望」が実現したと信じ込んでいるに過ぎないのである。

●戦国時代

近頃人気を博している漫画「キングダム」が描くのが、この戦国時代である。２００６年の発売以降、アニメ化もされ、その勢いは増すばかりだ。

「キングダム」は、この春秋戦国時代に、片田舎の秦にいた2人の戦災孤児、信《しん》と漂《ひょう》が、武功により天下の大将軍になるという夢を抱き、乱世に身を投じていく物語である。2人のように野心的な若者にとっては、乱世は立身出世の絶好のチャンスだった。いや、それしか乱世を生き延びる道はなかったはずだ。

「大きな集団の後ろにつくよりも、小さな集団でも頭になれ」という意味の「鶏口牛後」という言葉があるが、この意識の根元は戦国時代にあったようである。日本におけるこれと対照的な処世法が「寄らば大樹の陰」である。

誰もが乱世を制し頭になることを渇望したこの戦国時代とは、いったいどのような時代だったのだろうか。


東周時代（春秋戦国時代）549年間のうち、紀元前403年〜紀元前221年までの182年間を戦国時代と呼ぶ。

先に述べた、主に晋と楚の戦争が繰り広げられた春秋四大会戦は、戦国時代への過渡期に起こった。戦国時代は、紀元前403年に趙・魏・韓の3氏が晋を3分割し、それぞれが国を建てたこと、つまり「下剋上」を周王が承認したことから始まったとされている。

すると紀元前386年には、晋と同様に周王室を奉じる斉でも内乱が起こり、姜《きょう》氏に代わり有力貴族の田氏《でん》（陳氏）が覇権を握った。これを周王が認めたことで、ますます下剋上の風潮が中国大陸に蔓延っていった。

趙、魏、韓、斉をはじめとした各有力諸侯は周王に対する忠誠の義務を忘れ、周辺諸侯へと移り歩き無防備の人民の耕地や生活を侵略していった。

周王朝が権力を取り戻すことは、もはや不可能であった。周王はただ国王の名称をもつだけで、その臣下たちの軋轢と戦争を収める力は残っていなかった。

このような状態は182年も続き、その間大規模な戦争だけでも232回に達し、小さいいざこざは枚挙にいとまがないほどで、戦争がない日は一日としてなかった。その戦争の規模はさらに拡大していった。

春秋時代までの戦争は、馬にひかせた戦車が平地で衝突しあう野戦が主で、1日か2日で終わるものが多くその規模も小さかった。例えば、紀元前632年の晋（宋、斉、秦）連合軍と、楚（陳、蔡）連合軍の大戦では楚が大敗するという結果に終わったが、そこで楚から周王に差し出されたのは、捕虜1000人、馬400頭、いくつかの戦車という程度だった。

しかし、戦国時代になると城を奪い合う攻城戦が主となった。この城とは四方を防御壁で囲まれた街全体のことを指す。つまり、敵に取り囲まれたら通行門も閉めて住民全員が立てこもり、兵士としても戦わされるのである。城の奪い合いの結果、人々が殺し合い、城内にも城外にも屍が満ち満ちていた状態で、ここから犠牲者の数も多くなってくる。

戦国時代には、次の秦の始皇帝が即位するまでの100余年間に、打ち首にした敵兵の首だけでも計120余万首、同時に周辺の六国に討ち取られた秦兵の首もそれと同等である。兵が皆殺しにされた城は数えきれないほどであった。

紀元前260年に行われた秦軍と趙軍との大会戦「長平の戦い」（現・山西省高平市付近）では、常勝将軍と畏怖された秦軍の大将白起《はくき》が兵糧攻めで趙軍に大勝し、降伏した趙軍の捕虜40万人を生き埋めにして処刑した。

この殺戮は『史記』にも記述されているが、1995年5月の発掘調査では異常な量の人骨が出土している。また、後になって秦を破った楚の項羽もまた、降伏した秦軍20万人を生き埋めにしている。その後でも、各有力諸侯は他の諸侯の領地を奪い取り、数万の軍隊が戦闘を行い、その戦いはあらゆる地方または封地《ほうち》（諸侯に封ぜられた土地）まで及んで人民の田地や生活は容赦されることはなかったようだ。一度の戦闘で24万人以上が流亡するほど激烈であった。

戦国時代末期の紀元前256年には、周が秦に滅ぼされた。その7年後に魯が楚に滅ぼされ、この凶猛さはますますひどくなり、国々の戦いは「秦、楚、燕、斉、韓、魏、趙」の7ヶ国に収斂《しゅうれん》されていった。そして、この「戦国の七雄」が合従《がっしょう》・連衡《れんこう》を繰り返しながら、紀元前255～222年にかけて帝位を求めて相互に争った。

こうした諸侯の抗争によって、華夏族の領地はすでに戦場と化し、戦場はさらに拡大されていった。

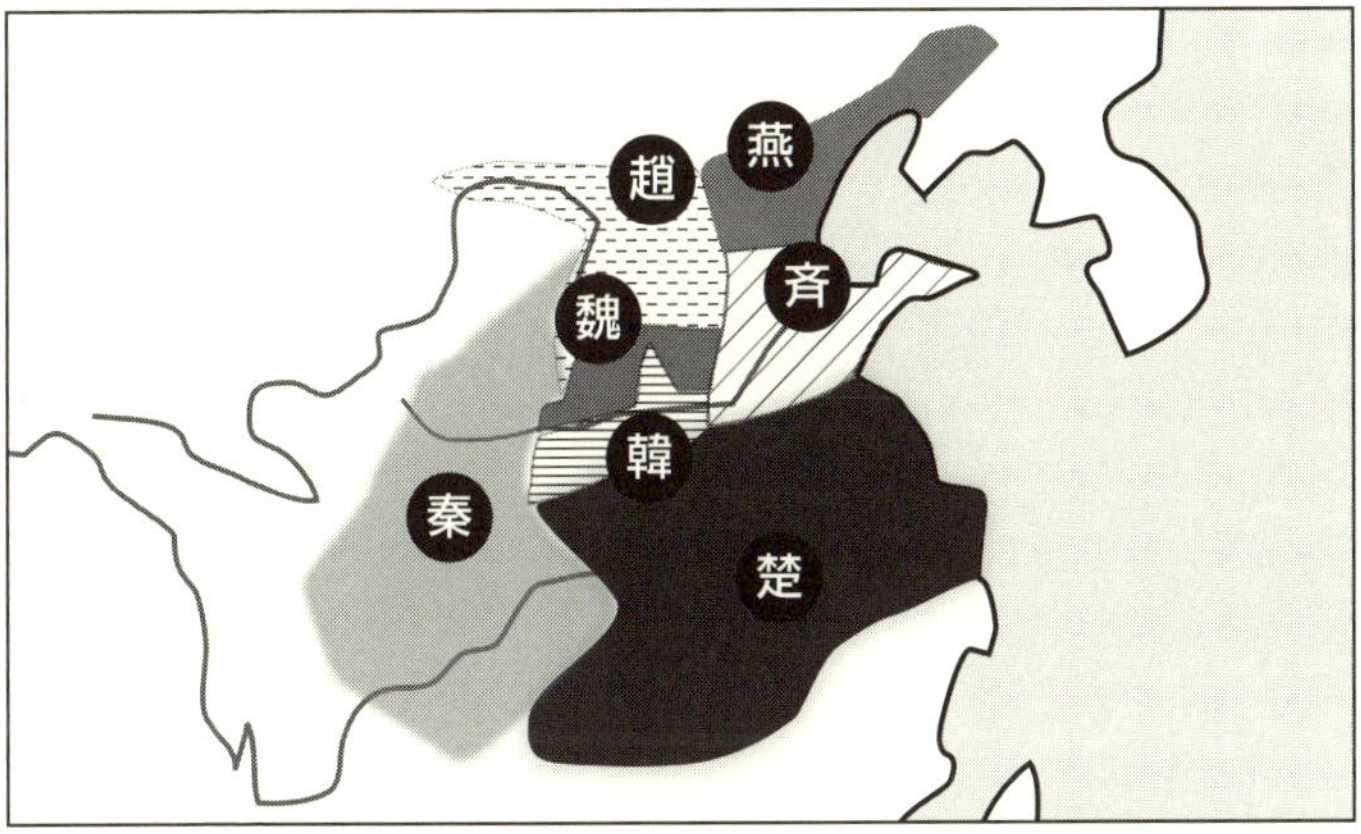

戦国時代末期の大陸における勢力図。「戦国の七雄」と呼ばれた７つの国々が覇権を求め争った。

その領域は、東は遼東半島、西は黄河中流域全体、南は湖南省や江西省まで膨張していった。結局、紀元前２４７年に国政改革で強国となった秦の国王に即位した政《せい》（後の始皇帝）が、紀元前２３０年に韓を滅ぼした後、残りの国々も次々と滅ぼし、最後に残った斉も紀元前２２１年に滅亡させた。

　周王朝は８７９年間も続いた長期王朝であるが、そのうちの戦争期間の割には人口の減少はそれほど多くなかった。周王朝初期の人口が１３７０万人であったのに対して、戦国時代末期の人口は兵士５００万人を含む１０００万人で、30％しか減少していなかったことになる。

　しかしながら、これだけ戦争が長く続けば、民の身の置き方も生きるために大きく振れることになる。そうやって身に付けた処世術の方が、どのような諸子百家の思想よりも強靭なものとなった。

中国人の処世術には先に述べた「鶏口牛後」の他に「面従腹背《めんじゅうふくはい》」（表面は服従しているようで、内心では舌を出している）などもあるが、我々が身近に接する折に最も気づきやすい点は、「挨拶をしない」「ありがとうと言わない」「謝らない」「嘘をつく」などの性格だろうか。

その根本にあるのは弱みを見せたくないという考えだろう。つまり、城郭都市を一歩出れば、「外界にいる他人は全て敵」で「弱肉強食」の世界である。そのような世界では、少しでも弱みを見せたらたちまち襲われるため、決して下手に出ることはできないのである。

現代中国人の性格は、こうした歴史から芽生えたものなのだ。

●社会経済の進歩に伴う「徳治より法治」

春秋戦国時代になると製鉄技術が発展してきて、鉄器が青銅器を駆逐するようになった。鉄と青銅とを強度の点で比較すれば、極端な言い方をすると、石と紙ほどの差があったようだ。

だから、鉄の矢尻を使っている中原諸侯族（華夏族）が、青銅の矢尻で戦う周辺異民族に圧勝できたのは当然といえば当然のことである。

さらに、農業技術の進歩に加え、水利灌漑事業の発展によって農業生産は飛躍的に増大し、交通も便利になり、多くの人々の交流が始まり物資の交換が量的に増えていった。

そして、貨幣経済と商品経済の発達によって、七雄の国境を越える国際市場もできつつあった。だが、七雄国ごとに異なっている制度・習慣・文化などはばらばらで不自由を極めていたことから、通貨・道路幅・度量衡などについて共通性を求める動きが出てきた。

そのためには、「徳」という抽象的なもので国を治める「徳治政治」では、とても統治できない。そこで、「法」で国を統治すべきと主張していた「法家」が表舞台に登場することになる。

法家は、厳しい自己規制の必要な道徳を第一とするのではなく、成文法を示し、守るべきものをはっきりさせようとした。

法家というのは法治主義を唱える思想集団のことであるが、今日の法治主義とは大いに異なるものだ。法律で治めると言っても、民を押さえつけるのが目的である。民には権利規定は一切なく、あるのは民を震えあがらせる厳しい罰則規定で、それもすべて見せしめの体罰だけである。

車裂きの準備の様子。裁かれようとしているのは、法家の一人として秦王朝の統一を支えた商鞅である。画像は後世の紀伝の中で挿絵として描かれたもの。

例えば、刑が軽い場合には「顔に入れ墨」を施されるが、重い場合には「車裂《くるまさ》き」が待っている。これは「5台の馬車で頭、両手、両足を引っ張らせて身体をバラバラにする」刑で、一族全員の連帯責任とされ、赤ん坊から老人まで処刑された。

これより後、秦の始皇帝が中央集権国家を確立する際に、「法治主義」が採用され重要な役割を果たすことになる。

第二章

侵略の中華帝国、ここに始まる

05 中国初の統一王朝─秦王朝

●短命に終わった政権・秦王朝─中央集権国家と法治政治

「秦の始皇帝」といえば、暴君の代表格とされるほど非道な人物だったことで有名である。日本でも中国でも、夏の桀王《けつおう》や商（殷）の紂王と並び、その悪名が現代まで伝わっている。しかし、ただ冷酷だったというだけでなく、合理的で先見性がある専制君主であったという評価も近年ではなされているようだ。日本の歴史上の人物でいうと、織田信長のような人物といえるだろう。

その始皇帝が皇帝を務めた「秦」という国は、西周９代目孝王の時代、つまり紀元前７７７年に建国された。その当時、彼らは周族から西戎《せいじゅう》と呼ばれる夷狄であり、西方の渭水《いすい》上流に位置する陝西西部の遊牧民であった。

歴代の秦侯は徐々に力を強め、紀元前２５６年には周を滅ぼし、すでに周に代わって天下の諸侯に号令をかけつつあった。その後、秦王・政《せい》は紀元前２２１年に最後まで敵対していた斉を滅ぼし、永らく続いていた戦国時代に終止符を打った。

こうして、秦王・政が始皇帝として即位し、秦王朝（紀元前２２１年～紀元前２０６年）を開いた時には始祖より５００年以上が経過していたのだ。

政は天下統一を達成すると、自らがいる地位を表す言葉として従来の「天子」や「王」では物足りないと考え、新たに「皇帝」と称することにした。自ら死後の称号には、「始まりの皇帝」の意として「始皇帝」と名乗ることも決めていたという。自分が亡き後も「２世皇帝」「３世皇帝」と万世まで秦帝国が永続すると信じたからだ。しかし、始皇帝の願いが叶わなかったことは、歴史を見ればおわかりのことだろう。

始皇帝（紀元前259～紀元前210年）。民を犠牲にして行った事業や焚書坑儒といった悪行の数々から、「暴君」として知られる。

始皇帝は、法家の代表的な人物である韓非を尊敬していたこともあり、法家に属する李《り》斯《し》を側近において中央集権国家の体制を確立していった。

法家は儒家の礼を尊重する考え方を棄て、法と刑罰によって人民を支配することで君主権力の強化を図った。つまり、前代の「封建制」を廃止し、新たに官僚制度を採用して「郡県制」を導入した。全国を郡・県のブロックに再編成し、その長官クラスを中央政府の役人から任命して派遣する。さらに、地元との癒着を防ぐために、長官の世襲は認めなかったのである。

また、国ごとに異なっていた「文字」「通貨」「車輪幅」「度量衡《どりょうこう》」などの諸制度を統一した。

これらの中で最も困難な事業だったのが、文字の統一である。戦国時代から各諸侯はそれぞれが異なる書体を使用していたが、文字はまず記述が容易な小篆《しょうてん》と呼ばれる隷書体に統一し、次に王朝支配に必要な文書に使う書き言葉だけに的を絞り、その漢字に対応する読みも決定した。その結果、漢字の数は３３００字に絞られた。それによって文字が読みやすくなり、また漢字で書かれた法律を読める者も多くなり、法治主義を実現するのに大いに役立った。

しかし、この文字を使って記すことを許された書籍は、法律・医学・占い・農学などの専門的な分野に限定された。それ以外の書、すなわち、秦以外の国の歴史書や儒家を含むほかの諸子百家の書は焼き払われた。これが有名な「焚書」である。その翌年には、不老不死を願っていた始皇帝につけいろうと虚言を吐く者も含めて、４６０余名の儒家・学者が生き埋めにされたという。これが「坑儒《こうじゅ》」である。そもそも、焚書にしろ坑儒にしろ、始皇帝自身というよりは始皇帝に取り入ろうとする側近が立案したものだったようだ。

一方で始皇帝自身も、皇帝の権力を誇示するために民を民とも思わぬ暴政を繰り広げた。現在の西安市の東郊にある自分の陵の造営や宮殿の建設となると、厳格な法治主義などの制度を大いに利用して労働力として人民を集めたという。

陝西省西安市から発掘された兵馬俑坑。公開されているのは一部であり、未公開・未発掘部分はさらに広大な面積をほこると言われる。1987年に世界文化遺産登録。（© Bencmq and licensed for reuse under Creative Commons Licence）

陵の造営は始皇帝が13歳で秦王に即位した時からすでに始まっていたのだが、秦王朝に入ると全国から毎年70万人が徴用され、以降始皇帝が亡くなるまでの37年間にわたり、延べ数百万人が動員されていた。しかも、残酷なことに、陵が完成すると建造に携わった人民全員を、秘密保持のためとして陵墓の中に閉じ込め殺してしまったのである。

その陵墓の中には地下宮殿が設けられた。地下の大ドームの天井には天体図が、床には天下の地形が描かれているという。そして、始皇帝は猜疑心の強い性格だったのだろうが、それを反映するように、盗掘者が侵入してくれば矢で射殺するような仕掛けを施していたという。

また、1974年の文革（文化大革命）末期に、この陵園の近くから、兵馬俑坑《へいばようこう》が見つかった。兵馬俑とは、陵墓の中に副葬された、兵士や馬の形をした人形のことである。中にあったのは、人間の等身大の大きさで色彩が施された陶製の将兵7000体と、戦車が百余両と、軍馬が数百頭という大量だった。これは、始皇帝周辺の役人たちの命で全国から集められた職人の手によるものであった。

さらに、始皇帝の治世の末期には、都・咸陽《かんよう》の対岸に新宮殿の阿房宮《あぼうきゅう》（現・陝西省西安市）の建設に着手し、新たに35万人を動員した。このとき調達された人民は、いずれも賃金を払う必要のない軽微な法違反者、つまりは罪人であった。だから、病気や事故で命を落としたとしても、滞ることなく工事は進められた。

こうした工事は人民にとっては不要なものでしかない。後に、これらの不要な巨大土木事業が人民の反乱を招くことになるのである。

●中国史上最初の大侵略国家

秦王朝になると、始皇帝は法家の定める法律によって「皇帝」となり、他者からの制約を受けることのない絶対的な存在となった。とはいっても、その権威が及ぶのは、あくまで郡県内の諸侯や人民までであり、その外にいる夷狄にとっての君主たることは意味していなかった。

そこに、儒家が理想の国家統治として王道論を唱えてきた。その内容は、これまでの「皇帝」と異なる「天子」という地位の考え方である。「皇帝」には国内政治における君主としての地位と権威を示す意味が込められているが、「天子」とは有徳者として天から天命を受けた者で、その徳は全世界に及ぶことを表す。つまり、夷狄に対しても中国の君主の権威を示す意味が込められているということだった。

この儒教の考えを受け、始皇帝も法家も考えに変化が生じた。法家によって「皇帝」に「天子」という地位が与えられ、そのことで、「徳」による夷狄への支配を可能にしたのだ。

始皇帝は「徳の仮面」をつけて、夷狄を服従させる外征に臨んだ。秦王朝が誕生した頃には、異民族の活動が活発になり、匈奴《きょうど》（モンゴル草原に栄えた遊牧騎馬民族）から侵略されるという脅威もあった。そこで始皇帝は紀元前215年に、部下の将軍・蒙恬《もうてん》に30万の軍を与え、匈奴征伐を行った。その後、再び侵略されないように、戦国時代の趙《ちょう》と燕《えん》が築いていた長城をつないで「万里の長城」を築いた。この工事には毎年30万人以上が動員された。これも厳格な法治主義のお陰であった。

さらに始皇帝は、紀元前214年には南方拡張政策に乗り出し、長江の南にある百越《ひゃくえつ》に50万の兵を派遣し、制圧した。その勢いは衰えず、続けざまにオルドス、福建、広東、広西、インドシナのハノイを制圧、あるいは服属させ、それぞれに郡をおいた。郡をおいたということは、これらの国や地域が秦の支配地域になったということである。

こうして秦王朝は徳を及ぼすという名目でその勢力範囲を拡張し、中国史上最初の大侵略国家となった。

この時代に始皇帝が初めて使った「皇帝」という名称は、それ以降2000年に及んで存続し、その名は「中国の支配者」の意としての地位を確保することになる。

●宦官の陰謀による秦の滅亡と、項羽と劉邦の登場

紀元前210年、始皇帝は5回目の地方巡幸中、沙丘《さきゅう》の平台（河北省広宗県）で病死した。同行し

ていたのは、宰相の李斯《りし》と、宦官（後宮に仕える去勢された男子）の趙高《ちょうこう》、始皇帝の末子の胡亥《こがい》であった。始皇帝はいざという時に備えて、自分の跡継ぎは長子の扶蘇《ふそ》と決めていて、遺書も残してあった。それにもかかわらず、始皇帝の死に立ち会った彼らは次の皇帝を決めるまで、その死を誰にも知らせなかった。

趙高は胡亥と李斯を抱き込んで、胡亥を跡継ぎにするという陰謀を企てていたからだ。その理由は、自分を重用させるためである。趙高は始皇帝の遺書の代わりに、長子の扶蘇に「死罪にあたるから自決せよ」との偽の詔書を送り自決させたのだった。

胡亥は都・咸陽に帰ると、早々に2世皇帝として即位し、始皇帝を陵に葬った。

2世皇帝となった胡亥は紀元前２０９年春の全国巡業の後、自分の位を奪われるのを恐れて、20数人の兄弟のうち12人と、重臣を粛清した。これは趙高にそそのかされてのことだった。

一方、民の世界では、同年7月、北方の守備に徴用された貧しい農民の陳勝《ちんしょう》と呉広《ごこう》が現地に向かっていた。ところが、道中の黄河が氾濫していたため期日までに現地に到着することは到底不可能な状況だった。秦の法律では、期限通りに現地に行けない場合には死罪となるのである。そこで、「どうせ到着しても殺されるのだから」と言って反乱を起こした。これが「陳勝・呉広の乱」である。

この動きに多くの不満を抱えた民が感化され、その2ヶ月後、あの有名な項羽と劉邦も蜂起したのだ。これが契機となり、秦の政治は乱れ始め、各地に反秦の狼煙があがった。

紀元前２０８年2月になると、反乱の責任を取る形で、李斯が処刑された。これも趙高の差し金であった。趙高は自らの責任を追及されるのを恐れて先手を打った。2世皇帝を殺し、自らが死に追いやった扶蘇の子・嬰《えい》を3世皇帝に即位させたのである。

ところが、今度は3世皇帝によって趙高が殺されたのだった。

3世皇帝は生き延びたものの、反乱軍に取り囲まれ、降伏を申し入れた。都・咸陽に進軍していた劉邦はこれを受け入れたが、後からきた項羽は、3世皇帝を始め秦の皇族を殺戮し、宮殿を焼き、財宝を略奪した。こうして、紀元前206年、ついに秦は滅亡した。わずか15年という儚さだった。

項羽と劉邦の戦いはその後も続いたが、紀元前202年、「垓下《がいか》の戦い」で劉邦が項羽を破って自殺に追い込み、皇帝の座についた。彼こそが、次の王朝となる漢の高祖である。

秦王朝は「不要な巨大土木事業」と「度重なる外征」で人民を圧迫し、彼らの不満が鬱積していたところに「宦官の陰謀による王朝の混乱」が起きたことで人民の反乱を招き、崩壊につながったのだ。あまりにも急激な統一が過度の締め付けをもたらし、それが反攻反乱を引き起こしたのであろう。万世どころかわずか15年しかもたなかった。

なお、始皇帝の死後の混乱の原因ともいえる趙高がついていたのは宦官という職である。宦官は商（殷）王朝の時代にすでに制度として取り入れられていたが、宦官がこれだけ国政を混乱させたのは秦の時代が初めてである。それでも、宦官はなくなることなく今後も頻繁に国政に影響を与えながら登場してくる。『史記』の著者・司馬遷も宦官だったのである。

06 中央アジアまで支配した前漢王朝

「漢字」「漢文」「悪漢」「無頼漢」などの言葉にも用いられ、日本人にとって馴染み深い文字である「漢」は、約４００年続いたこの「漢王朝」の時代に由来する。ちなみに、紀元前２０２年～紀元後８年までを「前漢」、紀元後25年～紀元後２２０年までを「後漢」と呼んで区別する。

そもそも「漢王朝」の「漢」は何に由来するかというと、南は秦嶺《しんれい》山脈、北は大巴《だいは》山脈に挟まれた「漢中《かんちゅう》盆地」にある「漢水」という川である。どこから行くにしても道らしい道はなく、あっても険しい道を通って行かなければならない僻地である。

そんな場所が、漢王朝の出発点になったのだ。

秦王朝を滅ぼした勢いで、楚の将軍だった項羽は生まれ故郷の彭城《ほうじょう》（現・江蘇省徐州市）に戻った。そこを拠点にして大規模な領土配分を行ったが、共に戦っていた劉邦には「漢中」と呼ばれるこの地と、巴《は》と蜀《しょく》の両郡を領地として与えただけであった。つまり、劉邦はここに左遷されたのである。劉邦はここでまず漢王（漢中王）になった。

その後、項羽を討ち負かすべく立ち上がった「漢」の劉邦は、楚の覇者と呼ばれた項羽との戦争に挑み（楚漢戦争）、それに丸4年を要したのち、紀元前202年に「垓下《がいか》の戦い」で項羽に勝利した。

この戦いがもたらした殺人と残虐は、例によってというべきか、甚大なものであった。一度で「20万人以上の兵士が穴に埋められ、彭城市付近の戦闘では屍によって河が堰きとめられた」ほどであったという。劉邦は皇帝の地位を獲得するのに、100万人の死傷者を出さねばならなかった。

その結果、戦国時代末期の紀元前222年には1000万人であった人口は、700万人にまで減っていた。

そのような惨憺たる状況下で、劉邦は「漢王朝」を建国し、都を長安に定め、諡《おくりな》を「高祖」とした。漢王朝成立直後は反乱や争乱が絶えることはなく、洪水と干ばつが続き、人民は飢えを凌ぐための「人肉食習慣」を断ち切ることができず、共食いをせざるを得なかった。

それでも、漢王朝が出現したことで、一般人民の心はある種の救いを得たようである。「これで貴族の血統主義に別れを告げられる」とか、「誰でも皇帝になれる」という気持ちを抱き始めたのだ。

それというのも、皇帝に就いた劉邦が江蘇省の「農民出身」であったからである。その上、山奥の一地方の名前に過ぎなかった「漢」を中国を代表する名前にして、漢民族の英雄となったからだ。

同時に、この時期ばらばらとなっていた華夏族も周辺民族から「漢人」と呼ばれ始め、華夏族の名は吸収され消えてしまったようだ。

●劉邦（高祖）の宥和政策

皇帝に即位した劉邦（高祖）が最初に取り組んだ政策は、戦乱で分裂状態になっていた国内を再び統一することだった。そのために、統治体制については秦王朝の中央集権国家を引き継ぐことにした。ただし、そっくりそのまま引き継ぐというのではなく、秦時代の郡県制を利用しつつ、それに封建制を導入することにしたのである。つまり、郡県に相当する諸侯国はそのままにして、そこを統治する人物には高祖の兄弟や息子を派遣したのだ。

これが一例であるが、高祖は漢王朝の統治において、前王朝の政策と新たな政策のあいだをとる、宥和政策を行っていく。

領地と支配するための法律についても、秦王朝を倒した諸侯の要求を受け入れ、法治の根本精神であるキャッチフレーズ「盗るな、傷つけるな、殺すな」は残しながらも、かつての法律は廃止することにした。ところが、法がなくなったことで治安は乱れてしまう。

そこで、宰相・蕭何《しょうか》は秦王朝時代の法を基にして広範な法律を作った。法律の運用については、秦王朝時代の法家思想を後ろ盾にした暴虐政治を反省しようとしたのだが、結局新しく作られた法律も使うのは「徳のある」人間ということになっているので、権力を握っている人が恣意的に法律を使う点はたいして変わることはなかった。

蕭何は、政治については「黄老書《こうろう》」に基づく緩やかな政策を実行した。「黄老書」の教えとは「田租の免除や労役の軽減による農民の保護政策」を説いたもので、黄帝と老子を始祖とする道家の実用的解説書である。

高祖のこの黄老の教えにそった宥和政策は、6代景帝の頃まで採用された。その結果、人民に対して刑罰が与えられることは極めて少なく、人民は農業に努め衣食は豊かになっていった。その後もたびたび田租が減免され、食料があふれるようになった。漢王朝の400年間で唯一太平の時代であった。

周辺の敵対民族に対する政策にも特徴があった。漢王朝成立から2年後の紀元前200年、たびたび侵入してくる匈奴を征伐するために、32万の大軍で攻めていったが、敗れてしまったことがある。

そのとき高祖は、多くの贈り物を贈ったりして匈奴と相互不可侵和議を結んだのだ。その腹のうちには、「屈辱」の二文字があっただろう。しかし、この和議が結ばれたおかげで、以後60年間も周辺に平和をもたらすのに大きく貢献していたのだ。

高祖（在位：紀元前202～紀元前195年）。現在の江蘇省で農家の三男として生まれた。

高祖は、政治の手段に儒教を導入しなかった。宮廷生活で見る礼儀知らずな家臣たちを正すために儒家を招き礼儀作法を学ばせることはあったが、それは政治にまで及ばなかった。高祖自身は、儒家の重々しく振舞う作法を嫌い、儒教を信じることはなく、始皇帝と同じく神仙思想に取りつかれていた。それでも「思想家を重んじる文化国家」を装うために、孔子廟を拡張整備してその子孫を貴族に任命するなどの政策はとっていたようである。

高祖は、紀元前195年、戦闘中の流れ矢がもとで命を落とした。

●高祖の妻・呂后の異常なる残虐行為

世界各地でも見られるように、中国の歴史においても女性統治者による残虐の歴史がある。「唐」の則天武后《そくてんぶこう》、「清」の西太后《せいたいごう》、そして、この「前漢」の高祖の妻・呂后《りょこう》だ。

もともと、漢民族の中には、遊牧民族の体質が流れ込んでいる。遊牧民族は羊や馬などの家畜を放牧しながら内陸アジア各地を移動し、食糧や住居などあらゆるものをこれら家畜に依存している。特に騎馬戦術を身に付けた騎馬遊牧民は周辺各地を征服・略奪しながら移動していた。

遊牧民族の食糧は、家畜が主なので、その民族的体質は、当然ながら肉食民族である。弓矢で射殺するか落とし穴に追い込んで捕獲した家畜や動物を捌く時には、ナイフで皮や肉を切り分け、そして、煮たり焼いたりして食べる。保存する時には干し肉や塩漬け肉を作る。管理上、去勢術を施すことも手慣れたものである。その上、人間の思うように従わなければ殺すだろうし、従順になれば奴隷として扱っていた。

だから、遊牧民族の性質として人間同士の争いが起こった場合も、人間を動物と思い牛馬に対するのと同様の殺戮が躊躇なくできる。つまり殺戮感覚が麻痺しているのだ。

さて、高祖の死後、皇后の呂后が権力を握ることになると、漢王朝は危機に直面した。呂后の暴走を止められる有力家臣が全て殺されていたのだ。誰にかというと、呂后にである。彼女は権力を握るために家臣の多くに反逆の疑いをかけて殺し、自分の言うことを聞く者だけに地位を与え、そのうえ劉一族を排除して、代わって呂一族を王族につかせた。

呂后は「呂王朝」を開きたいとまで主張したが、それはさすがに実現しなかった。そこで呂后は長男の恵帝を帝位に就け、恵帝はほどなくして亡くなったが、その子を相次いで擁立しながら自らが専制政治を行った。

呂后の残虐さは、夫が寵愛していた側室の戚《せき》夫人に対して、特に激しく向けられていたようだ。戚夫人は高祖との間にできた息子が産まれたら、いずれはその子を皇太子にと懇願していたという。それを耳にした呂后は、高祖の死後、戚夫人の手と足を切断し、目をえぐり耳を焼き切り、毒薬で喉を潰してしまったのである。それでもしばらくは生きていたので、厠へ投げ込んで蔑むというひどい仕打ちを行った。恵帝の死は、この実母の暴虐ぶりを目の当たりにして精神がまいってしまったからという説もある。さすがの呂后も晩年にはそのときの祟りを畏れたのか、お祓いに凝ったという。

紀元前180年、呂后が亡くなると、今度は劉一族の強い復讐心から呂一族はすべて抹殺され、高祖の四男である5代文帝が即位する。文帝は父と同じように黄老思想を取り入れながら、安定的な政権を心がけ、その精神は6代景帝に受け継がれたのである。

●武帝、儒教を国教に

現在の中国人の間で、最も敬愛できる民族の英雄は「漢の武帝」だという。景帝の跡を継いだ7代皇帝だ。

かつて文化大革命の時代には毛沢東が空前絶後の人気であったが、領地拡大という「武功」を持つ武帝が民族最高の英雄となったようだ。いや、学校の授業でそのように洗脳されているのだろう。

漢王朝ができてから60年後に即位した7代皇帝武帝（紀元前141年～紀元前87年）は54年間その座に君臨した。これは中国歴代君主の中で、清王朝の康熙帝《こうきてい》の61年間、同じく清王朝の乾隆帝《けんりゅうてい》の60年間に次いで3番目に長い在位期間であった。

武帝がこれだけの長い期間にわたって統治できたのは、儒教を国教にしたからだといえるだろう。とは言っても、武帝自身が家庭的で、君主としても道徳的で、儒教の道徳に感服して採用したということではない。儒教では、親孝行を重要視し、血縁関係の秩序を重んじている。したがって、どんな親であろうとも子供は親に逆らってはならないと教育されるのだ。

この関係を国家と国民の君臣の関係に当てはめると、どうなるだろうか。

どんな君主であろうとも、臣下は逆らってはならず、真心を持って仕えなければならないということになる。だから武帝は、この道徳は専制君主にとってきわめて好都合であり、儒教が専制政治に役立つと確信したのだ。幸いにも、これまでの皇帝たちの「黄老の教え」に基づく宥和政治によって国民生活も向上してきたので、国家の体制を整えて国威発揚の決心をしたのである。

まず、武帝は即位した年を「建元《けんげん》元年」とした。体制を整える第一歩として「道家的宥和政治」から「儒家的規律政治」に転換したのである。

そして、儒教を家臣に広める出発点となる官吏養成の学校「太学《たいがく》」を作った。孔家12代目の孔安国《こうあんこく》を迎え、儒学の根本経典である五経「易経」「詩経」「書経」「礼記」「春秋」を経典ごとに担当する学者を官職として五経博士に任命した。

こうして儒教は体系化されていったが、必ずしも原典の儒家の思想を反映させたものではなく、家臣統治や人民統治に都合のよい箇所だけを選んだ「儒教」となっている。したがって、儒家の中でも易姓革命を重視していた孟子や、性悪説を認める荀子は含まれていないのだ。

武帝の思惑とは裏腹に、建元元年がスタートしてから漢は転落し始めた。そのきっかけになったのが外征であった。

中国は「50年間戦争がなければ豊かな国になる」と言われているように、初代皇帝高祖から6代皇帝までの60年間は、宮廷には金が貯まり、倉の穀物は腐るほどであった。

しかし、それほど豊かであった国庫を空っぽにしてしまったのが武帝だ。武帝は都に多くの宮殿を建て、公共のために灌漑《かんがい》や土木建築も行うなど、やたらと出費を増やした。さらには、積極的に外征し支配地域を拡大するという大変な戦争好きでもあった。

積極的な対外政策に出た背景には、秦の始皇帝と同様に、儒家の影響が大いにある。儒家は、理想的な国家統治のかたちとして、「有徳者として天命を受けた天子の徳は全世界に及び、その徳によって人民を統治する」ことを唱えた。そのため、「徳を全世界に及ぼす」という名目で中国周辺地域に出兵し国域を広げていったのである。このあたりの考えは、秦の始皇帝と同様といえるだろう。

匈奴対策にしても、武帝以前は高祖の時代に結ばれた匈奴との和議があったため低姿勢外交をとっていたが、武帝はここで匈奴討伐作戦を興した。そして、50年にわたる戦いの後半は連戦連勝の破竹の勢いで、匈奴を陰山山脈の南麓まで追い払うことに成功した。

その成功の秘密は開発された鋳鉄《ちゅうてつ》技術にあったようだ。これにより鋳型に鉄を流し込むだけで多くの武器を大量に生産できたので、匈奴軍を圧倒できたと伝えられている。

「徳」と「鋳鉄」で自信を得た武帝は、紀元前113年に越南を滅ぼしたのに続き、紀元前110年に「衛氏《えいし》朝鮮」も滅ぼした。衛氏朝鮮とは、前漢時代初期に王朝からの徳と礼が及ぶ外臣として遇し、「朝鮮王」として冊封（冊・文書を授けて封建する）していた朝鮮半島の国である。しかし、その孫の代になると前漢に対し不遜な態度を示すようになったので、武帝が兵をやったのだ。その後、朝鮮半島の領地は400年間も中国の王朝に直接支配された。ちなみに、朝鮮におかれた4郡を経由し、日本に漢文化が流入したと言われている。

衛氏朝鮮を滅ぼした後は、紀元前104年と紀元前42年に西域《さいいき》に進軍し交易路の「シルクロード」を開いた。これによって、漢王朝が支配する国土はかつてないほどに拡大した。

けれども、その裏で生じた犠牲も大きかった。領土の拡大が例外なく国家の崩壊をもたらすことについて、武帝は無知だったのだ。国庫も使い果たし、人口も戦いにより半分ほどに減ってしまった。武帝といえば、儒教による官僚制度の基礎をつくったことなどが高く評価され、現代中国人のように武帝に好感を抱く人もいるかもしれない。しかし、儒教のことは統治のための道具としか考えていなかったことはすでに述べたとおりである。武帝は始皇帝と同じく、自らの絶対的な権力を最大限活用する術を儒教に見出しただけなのだ。

儒教の教えでもあり中華思想の原点にあるのは、「為政者は徳を持つものであり、天子は徳の頂点に立つ」という考え方だ。それにしたがえば武帝が皇帝に即位したのも、その徳があったからということになるが、そうではないことは武帝の失敗を見れば明らかだろう。その晩年は、皇太子を理不尽に死に追いやったり、農民反乱を抑えるため法家顔負けの弾圧政策をするなど、失政が目立つようになった。

徳治などできるはずもなく、人治になっていたのである。そこにいるのは自分の思うままに振舞う権力者だ。武帝以降、儒教を柱に権力を維持するイデオロギー国家となった中国が、実際に儒教で統一されている国だと思うなら、それは大変な錯覚である。誰よりも歴代の皇帝が儒教思想に従わないのだから。

1989年の天安門事件では、学生が統治者に対し法治を要求したが、それは通らなかった。共産主義の政治になっても、その政治構造は2000年前のこの武帝の頃から何も変わっていないのである。

●王莽の復古政治を倒した赤眉の反乱軍

前漢も末期になると、武帝による積極的な外征が原因となり国力は低下、中央集権体制が揺らいできた。武帝の跡を継いだ昭帝《しょうてい》、宣帝《せんてい》の時代はまさに没落への道を転がっているようだった。2人の皇帝も民への税を軽くし自らの贅沢も極力抑えるなど、財政再建への努力をするものの、その頃には焼け石に水の状態であった。

国力の衰退とは裏腹に、武帝によって国教とされた時分から100年も経過していた儒教はすっかり王朝内に根付き、絶大な権威を持つようになっていた。

10代皇帝となった元帝《げんてい》の皇后である王政君《おうせいくん》の従兄弟たちは、皇后の親族ということで高位高官に就いていた。しかし、その王政君の甥として生まれた王莽《おうもう》は、父親と兄が早死にしたこともあり、その恩恵にあずかれなかった。

そこで、王莽は自分も従兄弟たちと同じ金持ちになるにはどうすればいいのかと考えた末に、今や揺るぎない権威をもつ儒教を利用しようと決意した。苦学の末、儒学を修めたことで伯母の王政君らから認められ出世の糸口をつかんだ。その後は、いかにも熱心な儒教の信奉者としての、また皇帝にとって忠実な臣下としての仮面をかぶりつつ、立身出世していった。

ところが、その行動は極めて反儒教的なものだった。王莽は、自分の娘を齢10歳の14代皇帝・平帝《へいてい》に嫁がせた。平帝が在位からわずか5年で亡くなると、政権を牛耳り、平帝の2歳の皇子を15代皇帝に就けて自分はその摂政となったのである。

禅譲させたと言っているが、この行為は「簒奪《さんだつ》」である。儒教では絶対にしてはならないとされる行為だ。つまり、君主としての継承資格がない者が、その地位を奪い取ったということだ。

15代皇帝の即位から2年後の紀元後8年、王莽は皇帝の地位を自分に禅譲させ、前漢王朝を潰して「新」（紀元後8年~紀元後23年）という王朝を建てたのである。

16代皇帝となり権力を握った王莽は、かつての周代の政治制度を再現しようと、まず官制を変えるという改革を打ち出した。

王莽（紀元前45〜紀元後23年）

周代から漢代までの礼に関する規定が記述される「礼記」に「天に二日《にじつ》なし、土《ど》に二王なし」と書かれているのを根拠に、前漢時代の郡国制に基づく「諸侯王」の名称を「公」に、中国周辺の諸異民族が使っていた「王」を「侯」とさせたのだ。王すなわち天子は王莽一人であるとし、王と名乗るのも禁止しようとしたのである。

君主の称号も「天子」に戻し、その徳・礼・法が及ぶ地域を「内臣」、徳・礼のみが及ぶ地域を「外臣」と呼んだ。「外臣」より遠い周辺異民族は、春秋時代以降と同様に軽蔑的な「夷狄」と呼び蔑んだ。変わった点としては、その範囲がさらに拡大されたことである。例えば東夷は、中国大陸を飛び出して朝鮮半島や日本列島に住む異民族までをも指すようになっていた。

こうして、異民族に対するそれまでの宥和外交政策を露骨にやめたことで、異民族の怒りを買い反乱のきっかけを与えてしまったのだ。

こうした政策に転じてしまったのは、王莽が出世のためとはいえ、儒教の修得に努めたからだといえるだろう。孔子は『論語』八佾《はちいつ》第三の5で「夷狄で君主のあるのは、中国で君主のいないのにも及ばない」と、中国の文化の伝統は何より優れていると述べているように強烈な中華思想をもっていた。王莽も少なからず、孔子のこの思想に影響を受けていたのである。

王莽は、このような中華意識を露骨に外交に反映させた、最初の天子といえるだろう。

こうした官制改革のほかにも、土地の国有化や、奴婢《ぬひ》の禁止令、専売制の強化、貨幣の改鋳などさまざまな大改革に乗り出すが、いずれも周囲の賛同を得ることができず失敗に終わり、一般人民の生活は苦しくなるばかりであった。

そのような状態であるにもかかわらず、王莽自身は周りに大勢の美女を侍らすなど贅の限りを尽くし、当然ながら各地で反感を買い、大規模な農民一揆が発生した。

この一揆が、紀元後18年に勃発した「赤眉《せきび》の乱」である。農民軍は横暴な政府軍と味方を一目で識別できるように、眉毛に朱色を塗り込んでいたことから、「赤眉」と呼ばれた。赤色は王莽が滅ぼした漢王朝のシンボルカラーでもあった。

一揆の勃発から5年後の紀元後23年、漢王朝の末裔である劉玄《りゅうげん》や劉秀が挙兵した反乱軍によって、王莽は在位15年で殺された。本人は殺される寸前まで「天が私に徳を授けたのだから、農民兵ごときが私を殺せるわけがない」との言葉を再三再四言っていた。その背景には、自らが各地に教育施設をつくり儒教の普及に努めてきたため、一般人民へもその思想が浸透しているはずだという自信があったのだろう。

中国における基本的な王朝交代の形式は、この王莽のときに形成されたといえる。つまり、「禅譲に見せかけた簒奪」だ。口では「徳による禅譲だ」と唱えながら、その裏では多くの血が流れるというやり方が、その後2000年にわたって引き継がれていくのである。

王莽の最期は、それは酷いものであった。群衆は、王莽の首を切り市中に晒しものにしたうえで、その耳や鼻や舌を切り取って食べていたそうである。

漢王朝の建国直後も、人民は食べるものがなく「人肉食習慣」を断つことができなかった。この習慣は、さかのぼれば商（殷）や周の時代から始まっていたのである。

城郭都市に閉じ込められることが数ヶ月に及ぶと、城内の食糧は当然不足してくる。もはや食べられるものがないと絶望し、目の前を見ると、そこにいるのは人間だ。自らが生きるために、隣人を襲いその肉を食らう。さすがに自分の子どもは食べられないとなれば、他の子どもと交換してでも食べ始めるのだ。塩漬けや干し肉にしたり、スープにしたり、肉饅頭にして食べるなどの方法があったという。

この習慣は文化大革命の混乱期前後まで残っていたようだ。とにかく中国には「食べるものがなかった」のだ。飢饉の理由には水害や干ばつなどの自然災害もあったであろうが、戦争や内乱や抗争が長期間に、また頻繁に起こっていたことも大きな要因として挙げられるだろう。

王朝が代わるたびに、民をも巻き込んだ争いが繰り広げられるという哀しい歴史の中で生まれてしまった習慣なのである。

07 シルクロードを掌握した後漢王朝

●シルクロードの掌握と西域支配からの撤退

前漢を滅ぼし「新」王朝を築いた王莽は、赤眉の乱に端を発する一揆によって在位からわずか15年で討ち取られた。王莽を討ち取った劉玄と劉秀は、その赤眉軍に一度は敗北し劉玄が殺され、のちに劉秀が赤眉軍を討った。漢民族の血を引く劉秀がその後に建てたのが、前漢の流れをくむ後漢王朝である。

後漢王朝をひらいた劉秀は「光武帝」と名をあらため、紀元後25年に後漢の初代皇帝として即位した。その光武帝が直面した問題が、匈奴対策であった。

前漢時代、匈奴は6代皇帝・武帝によって陰山山脈の南麓まで追い払われていたが、それでも漢王朝と抗争しながら、脅威を与え続けていた。その後、前漢の衰退によって西域における影響力も低下し、その支配権は勢力を盛り返した匈奴に奪われていたのである。

しかし、後漢成立後には、匈奴は内政混乱により北匈奴と南匈奴に分裂した。南匈奴は後漢に受け入れられたが、北匈奴は北方に去って行った。これにより、匈奴対策にかかる労力はいくぶんか軽微なものになった。

とはいえ、前漢時代に築かれた西域経営を維持することだけでも、国力の大きな負担になる。それでも、光武帝の跡を継いだ2代目・明帝《めいてい》、3代目・章帝《しょうてい》は、その政策を引き継ぐとともにシルクロードを掌中にするほど、さらに侵略領域を広げて行った。

その侵略を推進したのが、明帝からの信頼が厚かった班超《はんちょう》という人物だ。班超は、光武帝時代に下級官僚として仕えていた班彪《はんぴょう》を父に持つ。その父が司馬遷の『史記』に感銘を受けて自らも前漢の歴史をまとめようとしたが、志半ばにして亡くなり、その思いを長男、つまり班超の兄の班固《はんこ》が引き継いだ。しかしその行為が「漢の歴史をねじ曲げて批判している」として投獄されてしまう。このとき、兄を弁護して明帝に上申書を書いたのが班超だった。賢明と評判の高かった明帝は、班固を許しただけでなく、「漢書」の完成も励まし、班超の素質を見出したのである。

明帝は、73年に北匈奴征伐に乗り出し、西域支配の領域をさらに拡大していく。すでに、先発隊が北匈奴の支配下にあった天山北路の入り口付近のオアシス国家・車師《しゃし》（チェシ）（旧・姑師）を制圧していた。

そこへさらに班超も一隊を率いて、この車師の近くにある、天山北路と天山南路の分岐点になる地を支配していた伊吾《いご》（ハミ）を討ち、この地にも屯田兵を置いた。これ以降、班超は西域諸国の支配のため、西域に駐留し続けることになる。

次に班超は、北匈奴の支配下にあったオアシス国家・鄯善《ぜんぜん》（旧・楼蘭《ろうらん》）に36人の部下を率いて赴いた。初めは歓迎されたのだが、次第に雲行きが怪しくなってきた。ちょうど北匈奴からも、１００人を超える使節団が来ていたのである。兵の数では圧倒的に不利な状況だが、このまま何もせずにいれば殺されるのは確実だ。考えを巡らせた班超は、怯える部下たちに「虎穴に入らずんば虎児を得ず」と勇気づけ、北匈奴の宿舎を急襲し皆殺しにしたという。北匈奴の使者を壊滅させたことに驚いた鄯善王は、班超に降伏した。

この危機を乗り越え、班超はその後も36人という少人数で西域南道の西６００キロ彼方にある于闐《うてん》（ホータン）を降伏させ、疏勒《そろく》（カシュガル）、亀茲《きじ》（クチャ）も班超の勢力下に置いた。これで後漢は、74年に西域都護を復活し、西域都護府を車師後部に置いた。

しかし、75年に明帝が亡くなると、これに乗じて西域諸国の反撃が始まる。そのとき疏勒にいた班超は北匈奴より反撃を受け、不利と見て一度于闐に退いたが、のちに再び疏勒を取り戻した。

明帝のあとに即位した章帝《しょうてい》は西域都護府を廃止し、班超に帰国命令を出した。しかし北匈奴の侵攻を危惧していた班超はそれを断り、そのまま疏勒に留まることになった。ここで退いては、相手を勢いづかせることになってしまうとわかっていたからである。

そうして5年が経っても帰国しない班超の決意に動かされて、章帝は二度にわたって千余人の支援兵を班超のもとに送った。これで勢いづいた班超は、一度奪われていた于闐を奪還し、莎車《しゃしゃ》（ヤンカルド）を下し、裏切りのそぶりを見せていた疏勒も再び降伏させた。

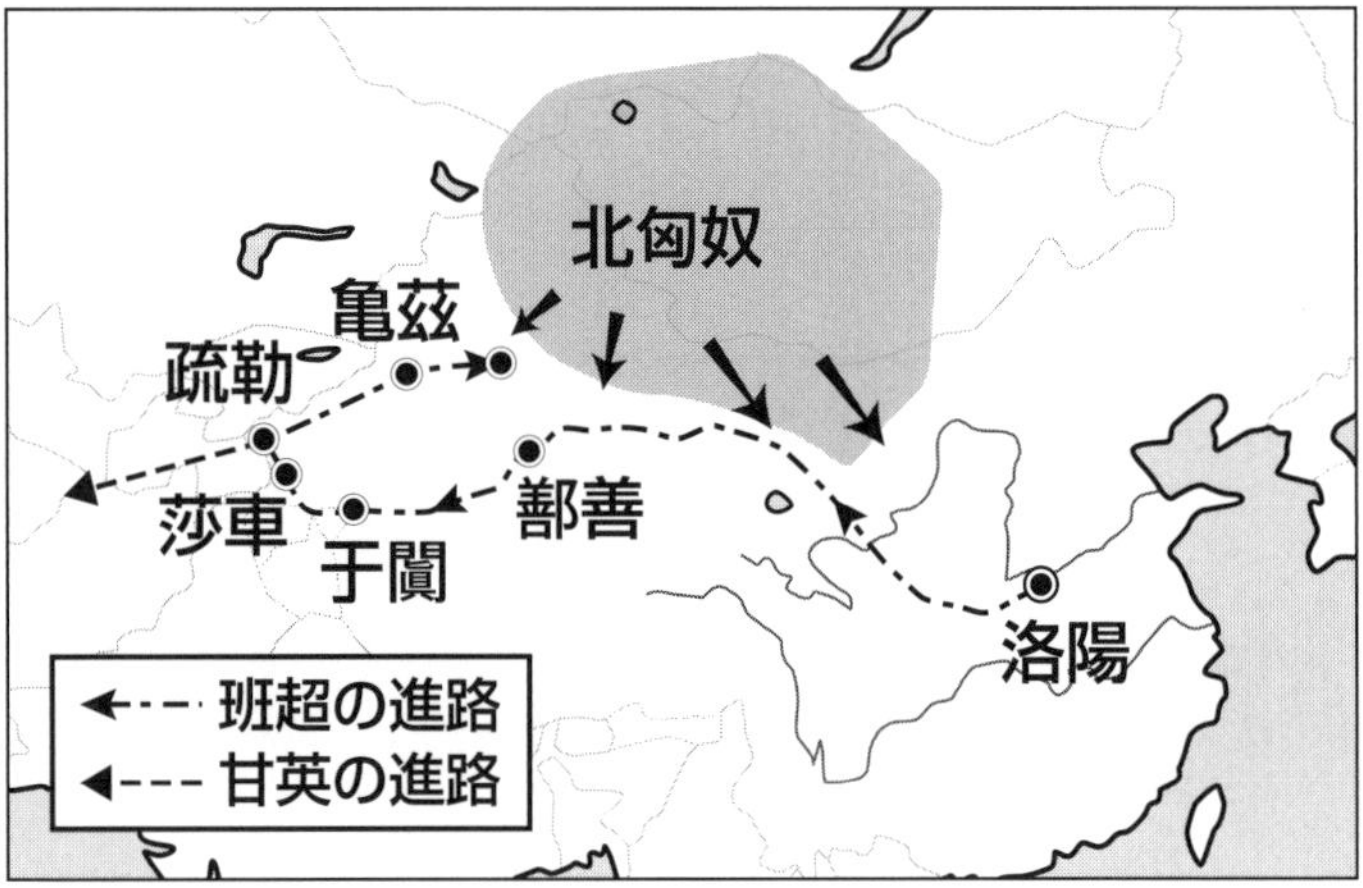

班超が31年間で降伏させた西域の主な国とその進路。北匈奴による侵攻の対策として、西域支配は重要な問題だった。疏勒は現在の新疆ウイグル自治区カシュガル地区にあたる。

その後、明帝の孫・和帝時代の91年には、班超は残る亀茲を再攻撃し、降伏させた。そして、亀茲に西域都護府をおき、班超を西域都護に任命して西域経営にあたらせることになった。

こうして、班超は94年までに西域諸国の反攻を撃退したうえ、匈奴に従っているほとんどのオアシス国家を後漢王朝に服属させたのである。

班超はタクラマカン砂漠一帯とパミール高原の東西交通路・シルクロードを結ぶ漢南路と呼ばれるルートを開き、50数ヶ国を統括した。97年には部下の甘英《かんえい》をローマ帝国（大秦国）、シリア（条支）まで派遣し国交を求めようとしたが、甘英は地中海にたどりついたとき「運良くよい風に乗れば3ヶ月で着くが、運悪く風が吹かなければローマまで2年間かかる」と言われ引き返してしまった。

初めて西域支配の任についてから早31年が経とうとしていた班超は、帰国願いを出して故郷に戻ることになった。後漢に帰り着いて1ヶ月後の102年9月、班超は急死してしまった。

班超の後には人材がいなかった。そのため西域との交渉は断続的なものとなり、領土とは名ばかりで、ついにはこのシルクロードを放棄せざるを得なかった。

班超が服属させた50数ヶ国のオアシス国家は、民族的にも言語的にも共通するところが多く、その内側で交易を行っていた。彼らからすれば、漢民族は横からきてその交易を奪い取った侵略者ということになる。三跪九叩頭《さんききゅうこうとう》の礼（3回跪き9回額を地面に打ち付ける）を強要され、そのうえ朝貢を強いられたので、西域諸国にとって漢民族は極めて不愉快な存在であった。隙さえあればいつでも寝返る準備はできていただろう。そんな状態だったため、後漢が滅亡すると、彼らはすぐその支配から逃げ出して行った。

西域からの撤退で後漢王朝にとっての外患は一時的になくなったかに思えたが、今度は西辺領域で羌族が12年間にもわたる反乱を起こした。これに限らず、南方の越南の抵抗や北方の匈奴、烏桓《うがん》、鮮《せん》卑《ぴ》、高句麗との抗争もあり、国力を消耗し尽したことが後漢衰亡の要因となった。

その後、西域の重要性は増大していったが、脚光を浴びるのは唐の時代までで、それ以降はヨーロッパ諸国がシルクロードに代わる航路や交易路を見出したため、シルクロードの重要性は低下していった。

ちなみに、50数ヶ国のオアシス国家とは、現在の「新疆《しんきょう》ウイグル自治区」にあたる地域である。

現在、我々が「新疆ウイグル自治区」と呼ぶ新疆は、古代から「西域」と呼ばれる胡人《こじん》の世界だった。胡人とは中国人が北方や西域の諸民族を呼ぶときの蔑称である。

胡人と呼ばれたウイグル族は、もともと西方からきたトルコ系民族だとされている。新疆ウイグル自治区やカザフスタン、キルギス、ウズベキスタン、タジキスタンなどの中央アジアに居住している民族だ。言語はウイグル語を話し、多くはイスラム教徒である。

現在の自治区は、中華民国時代の1912年から「新疆省」という行政区画として設置され、半独立的な領域支配が行われていた。1928年の新疆の人口は約255万人で、そのうちウイグル族が約70％に対して漢民族は約10％以下と少数派だったが、その漢民族が政治と経済の分野を支配していたため、ウイグル族と漢民族の対立は絶えなかった。

その後、ウイグル族は「東トルキスタン共和国」を建国する動きを見せたが、1949年に共産党政権の支配下に入った。その後、毛沢東の指示で中国人民解放軍による石油の発掘作業が行われたところ、1955年10月にジュンガル盆地に油田が発見される。規模はそれほど大きくないが、中国誕生以来最初の油田であった。この年に、「新疆ウイグル自治区」として改組された。

その後、そこにカラマイ（ウイグル語で黒い油）という人工都市を建設し、資源の確保に乗り出すべく、大勢の漢人を送りこんだ。2004年の時点で、この都市の人口約29万人のうち漢人は75％を占めている。その後も、首府となるウルムチには中央アジア諸国から輸入した石油や天然ガスを精製する施設を建設し、そこから伸びるパイプラインで中国全土に資源を供給している。

中国による大規模な入植政策の結果、２０１１年時点での新疆ウイグル自治区全体の人口は約２２００万人となり、ウイグル族は45％に減る一方で、漢民族は40％を超えている。

この自治区は１９５５年以来、資源戦争の舞台となった。だから、中国政府としてはいまさらウイグル族に独立されては困るのだ。漢民族を増やすことによってウイグル族の割合を減らすなど、独立を阻止するためにさまざまな手段でウイグル族への弾圧を強化している。その結果、ウイグル族との対立が激化しているのである。

また、この地は中国が１９６４年から46回にわたり核兵器実験を行った場所でもあり、その後遺症で75万人が死亡したとされる。それをウイグル族が国連に訴えたことではじめて世界に認知され、国連人権特別委員会が中国の政策を批判している。もちろん中国は、根も葉もない言いがかりだと突っぱねている。

●官僚と宦官の抗争、そして黄巾の乱で後漢王朝滅亡

班超が西域に離れている間に、王朝内部は混乱を極めていた。４代和帝《わてい》が10歳で即位したために、皇太后一族の外戚が実権を握るようになっていたのである。そこで、和帝はこの外戚を排除するために宦官の力を借りる必要があると考え、宦官の鄭衆《ていしゅう》を信任した。

ところが、これがきっかけとなり今度は宦官が力を誇示し始めたのである。11代桓帝《かんてい》は、宦官の手を借りて皇太后一族を滅ぼし、外戚の専横を払うことに成功した。すると、桓帝末期の頃にこれに反

発した司法官僚が、宦官や皇帝が気に入っている占い師を処刑した。それが発端となって宦官と官僚の争いはますます激化し、166年には宦官を非難した儒家官僚などが終身的な公職追放となった。これは「党錮《とうこ》の禁」と呼ばれている。

王朝内で官僚と宦官が権力闘争に明け暮れているのをこれ幸いと、地方の役人たちは農民を収奪して私腹を肥やすばかりであった。地方政治もすでに破綻しつつあった。人民は災害などによる飢饉に見舞われ、疲労しきっていた。

そうなると決まって発生するのが、農民一揆である。これまでと違ったのは、今回は新興宗教が絡んでいたことだ。農民たちは「人々の悩みを聞いてくれて病気を治してくれる神がいる」との噂を信じ、河北に向かって大移動を開始した。

その教祖というのは、道教の一派である「太平道《たいへいどう》」の創始者の、張角《ちょうかく》という人物であった。たちまちのうちに信徒は数十万を超え、大きな信仰集団が誕生した。

そして、張角はこれらの信者を軍隊組織にして、紀元後184年、黄色い頭巾を頭にまいて挙兵した。ここに「黄巾の乱」が起こったのである。

乱が起こると、いたるところで恐ろしい光景が繰り広げられた。彼らは官庁や村落を焼き壊し、略奪を行い、数えきれないほどの死体が路に、田畑に、野に、埋葬もされずに棄てられてあったという。それだけでは足りないと言わんばかりに、張角の軍は辺境の遊牧異民族にも反乱に加わるように求めた。するとそこで新たに残忍な殺し合いが始まったのだった。

反乱者たちの集団は一時のあいだ一大勢力になったが、中心の張角が病死したこともあり、その年末には政府軍によって鎮圧されてしまった。

この反乱が治まっても王朝内の争いの火種が消えることはなく、宦官と外戚は再び反目しあった。こうした混乱の中で、ある人物が着実に勢力を広げていた。曹操である。「黄巾の乱」の鎮圧にも貢献した曹操らが後漢最後の皇帝・献帝を手中にして、許（現・河南省許昌市）を都に定め、中原内での地位を固めていった。

清の時代に描かれた黄巾の乱の絵

そして、200年には「官渡《かんと》の戦い」で外戚派の袁《えん》紹《しょう》を破り、華北の覇者となったのである。そのとき袁紹の側についていた劉備《りゅうび》は晴耕雨読の生活を送っていた諸葛亮を軍師に迎え、再起に備えていた。このとき、劉備が諸葛亮がいる草盧《そうろ》（家）へ三度も足を運んだことが「三顧の礼」の由来となった。

劉備は、諸葛亮の進言を受け入れ、長江下流域を支配していた孫権《そんけん》と結ぶことに成功した。

そして、曹操は劉備・孫権の連合軍と、208年についに戦火を交えた。これが「赤壁の戦い」である。この戦いでは曹操軍は命からがら逃げ出すのが精一杯で、中国統一は諦めざるを得なかった。

ここに、曹操の魏、孫権の呉、劉備の蜀が建国され、三国鼎立《ていりつ》となった。

かくして、わずか30余年間に全国でこのような騒乱が起こったために、人民は農耕することもできず飢饉は全国に広がり、住まいまで棄てて食べ物を得るために流浪の旅に出ざるを得なかったという。それでも領地に残った人民には重税が課されたのだった。

この結果、騒乱後の国の人口は激減した。桓帝時代の157年には5648万人いたのが、30余年の内乱で4518万人が死亡し、1130万人にまで減ったそうだ。この人口減も漢朝の崩壊を早める一因となったのだった。

後漢の最後の皇帝・献帝の権威は、すでに地に墜ちていた。そうして世は、三国の時代に移っていく。

第三章

繰り返される殺戮と粛清

08 漢民族の消滅—三国・晋時代

●三国志登場の三国鼎立と漢民族の消滅

日本では多くの人が、「三国時代」と聞いて吉川英治の歴史小説「三国志」か、横山光輝の漫画「三国志」を思い出すだろう。吉川英治の「三国志」は、明代に完成したフィクション「三国志演義」（羅貫中著）をもとにして、日本人向けに大胆に脚色したと言われている。そのためであろうか、ドラマ性が生まれ、日本でも人気がある。

例えば、吉川英治は曹操については冷徹な悪役としながら、人間的な魅力を加えて悪を超越した英傑として描いた。一般的にイメージされる「曹操像」はこれではないかと思う。では、実際はどのような人物だったのだろうか？

曹操の祖父曹騰《そうとう》は、後漢王朝の8代順帝から11代桓帝までの4代の皇帝に宦官として仕え、大長秋《だいちょうしゅう》（王朝の皇后府を取り仕切る宦官の最高位）まで昇りつめ、それなりの財を築いた人物である。曹操の父・曹嵩《そうすう》は曹騰の養子となり、その金で大尉の地位を手に入れた。そして曹操も、宦官・曹騰の養子となった。

曹操は若い頃から権謀が目立ち放蕩を好み素行も乱れていたこともあり、評判はあまりよくなかったようだ。しかし、機知に富んでいたことは周囲も認めるところで、当時人物批評家として活動していた許子将《きょししょう》は、曹操のことを「治世の能臣、乱世の奸雄《かんゆう》」と評していた。奸雄とは、悪知恵にたけた英雄のことである。

曹操は、20歳の時に洛陽北部の北門警備隊長に任じられ、その後、頓丘《とんきゅう》の県令（県知事）に就いていた。この頃の後漢朝は、権力を握った宦官と官僚との激しい権力闘争が繰り広げられていた頃である。184年に黄巾の乱が起きると、曹操は騎都尉《きとい》（宮廷武官）として潁川《ようかわ》での討伐戦に向かい、黄巾軍に大勝した。その功績として済南《さいなん》の宰相に任命された。

そこでの統治は順調にいっていたが、次の赴任先として東郡太守（長官）の話があった。しかし曹操は、病気を理由にそれを拒否してしばらく隠遁生活に入った。その間に、これまでの戦いを通じて武力を握ることが権力の大事な条件であることを悟り、次の戦略を練っていたのかもしれない。

王朝内では、黄巾の乱前後から実権をほしいままにしている宦官を粛清しようという動きがあった。その中心となっていたのが何進《かしん》という大将軍と、その思想にいち早く反応していた武将・董卓《とうたく》である。曹操もまた、その一派に誘われていた。ところが曹操は、朝廷を牛耳るようになり暴虐ぶりを見せていた董卓に対して「面従腹背」の態度をとり、内心は董卓を排除しようと考えていた。あくまでも疑

曹操（155～220年）

心をもって人を見ていたのである。

曹操は、利害の一致した王允《おういん》と結託し董卓を暗殺しようとするが、その気配に気付かれたため一旦は洛陽から逃げ出した。そこから故郷へ向かう途中に、曹操はある事件を起こす。

故郷への道中に、父の友人である呂伯奢《りょはくしゃ》の家に寄ったところ、一家で温かく迎えてくれた。曹操らは部屋で休憩していたが、酒を買いに行った呂伯奢がなかなか帰って来ない。そのうえ、壁の向こうでは刀を研ぐような音がして、「縛れ」とか「殺せ」とかわめいているではないか。

「そうだ、やつらは我々を殺そうとしているのだ」と思いこんだ曹操は、殺される前に殺してしまえと、そこにいた全員を手にかけてしまった。逃げようと外にでてみると、そこには猪がつるされていたのだった――。

これは「呂伯奢一家殺害事件」ともいわれるが、三国志演義における「曹操＝悪役」というイメージを与えた逸話となっている。

その後、１９０年、董卓打倒の動きは広がり、後漢の将軍・袁紹《えんしょう》を盟主にすえた反董卓連合軍が成立する。結局董卓は、その2年後に呂布に暗殺された。

この頃、曹操はまだ残っていた黄巾兵の討伐を命じられて、自ら鎧をまとって挑んでいた。黄巾軍の兵30万人、非戦闘員100万人を降伏させ、その中から選んだ精鋭で自軍を編成した。この動き以降、曹操は諸侯の間でも注目されるようになっていく。

そんな時に起こったのが、193年の「徐州大虐殺事件」である。もはや曹操の悪行といえばこの事件といえるだろう。自らの軍をつくり天下制覇を目指す途中で、徐州の牧・陶謙《とうけん》に父親を殺された恨みから、徐州人を虐殺したのである。

この時「罪もない男女合わせて数十万人規模の住民を殺戮した。犬や鶏まで残らず殺したために、泗水《しすい》の流れが堰き止められるほどであった」と『「後漢書」陶謙列伝』に書かれている。「後漢書」は文字通り後漢朝についての歴史書で、南宋時代に范曄《はんよう》が編集したものである。

この虐殺により曹操は極めて大きな悪評をこうむることになり、「三国志演義」において、そして後世の人々に、曹操が悪役扱いされる原因となった。

ちなみに、吉川英治の「三国志」でも徐州大虐殺についての記述があるが、「行く行くこの猛軍は人民の墳墓を暴いたり、敵へ内通する疑いのある者などを、仮借なく斬って通ったので、民心は極端に恐れわななかいた」という描写のみで、数十万人を殺害したという点には触れられていない。

それ以降の曹操はまさに破竹の勢いで周囲を攻めていく。200年の官渡の戦いにおいて、曹操は最大の敵である外戚派の袁紹を破り、華北を統一した。さらに204年には袁紹の本拠地を攻め落とし、そこ中原を本拠地とした。207年の白狼山《はくろうざん》の戦いでは、曹操軍は袁紹に味方する烏桓《うがん》族の根拠

湖北省赤壁市の赤壁古戦場。赤い塗料で「赤壁」と書かれている。（© Jie and licensed for reuse under Creative Commons Licence）

地である柳城《りゅうじょう》を急襲し、首長である単于《ぜんう》をはじめとした20万人を殺し、残された数万の兵を捕えて自軍に加えた。

曹操の実力はもはや圧倒的なものとなった。

そして、２０８年冬、赤壁の戦いが起こった。曹操は15万の兵を南下させ、長江を下って呉へ攻め込もうとした。対する呉と劉備の連合軍は5～6万人と推定される。数においては曹操が圧倒的に有利だ。

ところが、曹操軍は、諸葛亮がいる連合軍の策略にのせられた。連合軍は、曹操軍の藁を積んだ船に火を放った。互いに切り離しができない曹操軍の船は次々と炎上し、曹操軍は撤退を余儀なくされた。この戦いでの敗北により中国統一の野望は叶うことなく、世は三国時代に突入する。

「三国志」とはいうが、実際にはその内容の多くは後漢末期の出来事が記されているのだ。

その後、２１５年から曹操領の合肥《がっぴ》を巡って計5回も行われた魏と呉の「合肥の戦い」は、いずれも魏軍の勝利で終わっている。

そして、曹操は２１６年に魏王に封じられて、後漢の配下の王国という形で魏を建国した。

皇帝として献帝を立てたがそこに権力はなく、実際には後漢を乗っ取った形での建国だったが、曹操は最後まで帝位につかず「後漢の丞相《じょうしょう》」という肩書きで通した。曹操はその後、中国統一を果たすことなく、洛陽にて220年に亡くなった。

曹操の死後、子の曹丕《そうひ》が後漢王朝の最後の皇帝・献帝から、あくまで禅譲という形で帝位を奪って、文帝として即位した。ここに「魏」が誕生した。なお、文帝により曹操は「太祖武帝」と追号された。

一方、この報に接した劉備は、揚子江中流域の実権を握って成都に「蜀」を建国し、さらに孫堅の子である孫権は華南に勢力を張って建業に「呉」を建国した。ここに、三国鼎立の形が定まった。

これら3人の有力武将「魏の曹操」「蜀の劉備」「呉の孫権」はいずれも黄巾の乱を鎮圧した側に立った人物であり、加えて、官渡の戦いや赤壁の戦いなどでは、一度の戦いで100万単位の死傷者を出していた。どこも疲弊しているはずだが、それでも、まだ戦争を続けるのである。なぜなら、漢王朝のような広大な帝国の皇帝になることを誰もが求めているからだ。

こうして、武将たちが覇権を求め、三国鼎立以降再び60余年間に及ぶ内乱に突入した。222年の夷陵《いりょう》の戦い（蜀vs呉、蜀は領土を失う）、228年の街亭《がいてい》の戦い（魏vs蜀、蜀全面撤退）、228年の陳倉《ちんそう》の戦い（蜀vs魏、蜀は食糧が尽き撤退）、234年の五丈原《ごじょうげん》の戦い（蜀vs魏、蜀が支配に成功するも諸葛亮が死亡し撤退）、256年の段谷《だんこく》の戦い（魏vs蜀、蜀敗れる）、と5回も三国同士で戦っている。

それにもかかわらず、三国は夷狄征伐にも積極的に力を注ぎ、兵力補充のために農民まで駆り出した。そのため、農村人口は激減し田畑は荒廃した。さらに洪水と干ばつが繰り返し襲ってきたために飢饉となり、人民の食べるものが無くなってしまったのだ。彼らは草木花や鳥やあらゆる四本足の獣までを口にせざるを得なかったが、それも食いつくすと、やはり人肉に手を出したのだった。

　これが当時の人口に影響を与えないはずがない。三国鼎立後の２２１〜２４０年の間に作成された資料によると、三国の人口総数は７６７万人だった。２０８年の赤壁の戦い直後の登録人口は１１３０万人で、そこから３６３万人も減少している。平和が続いていた後漢時代（１５７年）の５６４８万人と比較しても、なんと83年間で４８８１万人の命が消え去ったのである。

　このように、戦争によって三国内の人民はどんどん減っていく。国内の人民が足りなくなると、三国とも、遊牧民族の拉致に乗り出した。

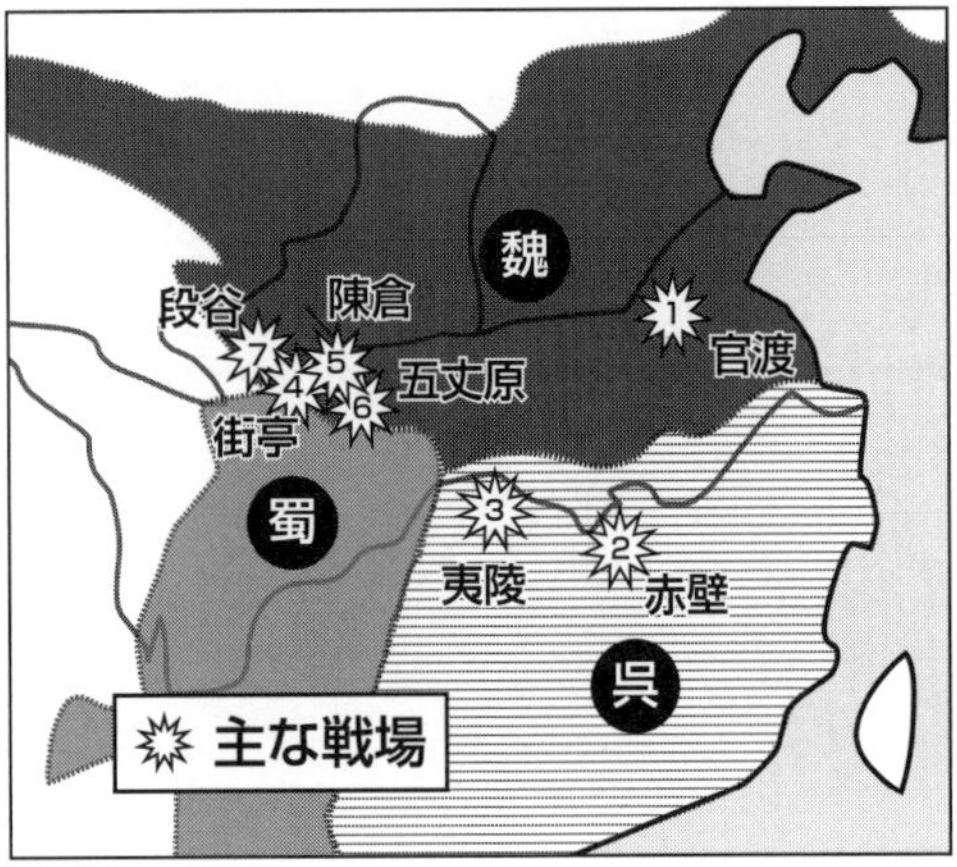

三国勢力図と、主な争いの舞台となった場所。数字は発生順。

　彼らは競い合って陸地に近い島に舟を出し、その地の住民を多数捕虜にし、耕作もしくは服役のために連れてきた。これら捕虜として強制的に連行されてきた周辺異民族には、蒙彊《もうきょう》系、チベット系、ツングース系、そして南方系などの多数の異民族が含まれていた。だから、現在の中国人はこれらの周辺異民族と漢民族が同化融合し形成された民族ということになる。

　このことは、結果的に華北の漢民族王朝を滅ぼし、後に大混乱の時代である「五胡十六国時代」そして「南北朝時代」を招く主要因となった。

ところで、曹操は有力な宦官の養子となり、賄賂攻勢によって今でいう国防大臣の地位にまでのぼりつめたという、権謀術数に長けた人物だ。中国人は、少々悪辣でも国を安定的に維持できる権力者の方が、人民にとっては安心できる存在だと意識している。彼らは悪知恵を働かせて英雄になった人物である奸雄を好むのだ。

その意識はすでに春秋戦国時代から培われていたのが、この三国時代に定着し始めて唐王朝が再び全国統一するまでの400年の間に不動なものとなっていったのである。人民のこの政治意識も、中国で強権政治を助長するのに一役買っている。

三国志の武将たちは、総じて自分たちの欲望を満たすために戦うという性格だ。領土を拡大し、自分の地位と名誉を高め、勝利や富を得るためだけに戦い、そのためには手段を選ばない。謀略も詐術も何でもありというスタイルだ。十分貢献してくれた有能な家臣だろうと、自分の地位を脅かすようになれば非情な策で追放するなど冷徹で陰湿な面が大いにある。

彼らは人民の生活安定や幸せを願っていたのであろうか。恒久的な領地の平和維持と繁栄を考えていたのであろうか。その答えはもちろんノーである。彼らにとって栄誉とは一代・一族だけで独占するものだ。そして、現在の中国にも、その権力闘争の構造は引き継がれている。

それは明らかに、日本の武士道精神と大きく異なるのである。「公に対して確固たる志を抱き、公

奈良県広陵町の新山古墳より出土した三角縁神獣鏡

に尽くす。そして、自分の欲望を抑えて、名誉を重んじて、勇気を持ち、不正・悪と闘う」という明治人の武士道精神とは雲泥の差がある。

●日本の卑弥呼が朝貢

中国大陸で熾烈な覇権争いが行われていたこの時代、日本はまだ古墳時代にあり、列島は30余りの国々に分かれていたようだ。

のちの中国・晋王朝が作った歴史書『三国志（正史三国志）』には、「魏書・烏丸鮮卑《うがんせんぴ》東夷伝倭人条」という、日本で一般的に「魏志倭人伝」と呼ばれている書物がある。

それによると、邪馬台国は卑弥呼が女王として君臨している国で、「魏」の文帝の跡を継いだ明帝の時代の２３９年に、卑弥呼が朝貢を行うために使者を魏に派遣し、封号「親魏倭王」の金印を明帝から授けられていると記述されている。しかし、この金印は、いまだに発見されていない。

また、魏は卑弥呼に「三角縁神獣鏡《さんかくぶちしんじゅうきょう》」も授けたと記述されている。これについても、三角縁神獣鏡自体は西日本の古墳から数多く発見されているが、「卑弥呼に授けられた」というものはまだ発見されていない。

●晋の建国と非漢族の反乱

魏の最後の皇帝・元帝は263年に蜀を攻め滅ぼしたが、魏の内部は安定していなかった。幼帝が3代続いていたため、魏の将軍・司馬炎《しばえん》の勢力を拡大させることになったのである。

その司馬炎は、魏から帝位を簒奪し、265年に「晋」を建国して武帝として即位し、都を洛陽に移した。そのまま280年に呉も滅ぼし、「魏」「蜀」「呉」の三国時代に終止符が打たれ、黄巾の乱から約1世紀ぶりに全国が統一されたのである。なお、この時の人口は、逃亡者が赦免されて以前の住居に戻ってきたこともあり、1616万人と順調に回復しつつあった。

しかしながら、また争乱が始まった。司馬炎あらため武帝は天下を再統一したものの、政治を顧みなくなり、女色にふけっていた。それが外戚の専横を招いていたのだ。その結果、外戚一族から貴族官僚までもが私利私欲を追求し、国家が私物化されていた。

武帝が290年に亡くなると子の恵帝が跡を継いだが、その10年後、武帝の叔父である趙王《ちょうおう》司馬倫《しばりん》がクーデターを起した。これを契機に、恵帝の皇后一族や各地に封じられていた諸王らが権力を得ようと、争いを繰り広げていった。武帝の死後16年に及んだこの骨肉の争いは、これに加わった主な諸王の人数から「八王の乱」と呼ばれた。

その結果、農耕は打ち棄てられ再び飢饉が全国的に広がった。民衆が食べるものがなく飢えていると、恵帝は「穀物がないなら、肉粥を食べれば良いではないか」と人肉粥を勧めていたほどであったという。

結局、晋が全国統一したと言っても、八王の乱がきっかけになり、またしても以後130年間にわたる争乱と内乱が始まったのだ。各地の諸王は自らの軍事力を強めるために、匈奴、羌、氐《てい》、鮮卑、羯《けつ》らの5つの異民族（＝五胡）を将軍や兵士として雇っていた。しかし、彼ら異民族も八王の乱に加担するうちに、自軍の優位さと衰退した晋の国力を知り、各地で蜂起していった。

そして、晋が匈奴に攻撃され、晋王朝滅亡のきっかけとなった「永嘉の乱」が始まった。

匈奴の単于《ぜんう》の後裔・劉淵《りゅうえん》は、晋の武将という立場にあったが、八王の乱に乗じて304年に独立し、「漢」を建国した。劉淵は匈奴の系統であったが、「漢王室を再興する」と偽って劉の姓を名乗ったのである。これが「五胡十六国」の始まりとなった。

晋王朝の恵帝の跡を継いだ武帝の子・懐帝は匈奴に助けを求めたが、劉淵の子・劉聡《りゅうそう》の軍に捕えられ、約3万人の臣民が殺され、懐帝自身も殺害された。311年、洛陽の晋王朝は終わりを迎えた。

続いて武帝の孫が長安で即位するも、316年に劉聡によって陥落させられ、晋は50年余りで滅亡した。ここまでの晋王朝を「西晋」（265年～316年）と呼んでいる。

その翌年、晋王朝は首都を建康（現・南京）に移して亡命政権として復活するが、大陸の東南地域を領有しただけであったので、歴史上「東晋」（317年～420年）と呼ぶ。

そして、東晋将軍の劉裕《りゅうゆう》は東晋最後の皇帝・恭帝を退位に追い込んで自らが次の王朝の開祖となり、420年に武帝と名乗り「宋朝（南朝）」を開いたのである。

一方、漢族によって圧迫されていた非漢族の諸胡は、匈奴の劉淵が304年に独立して以来、

439年までの約130年間にわたって、入り乱れて争った。華北の地に16の国家が樹立され、興亡を繰り返したこの群雄割拠の時代を、「五胡十六国時代」と呼ぶ。五胡は華北で活躍した非漢族の総称である。

こうした興亡の結果、鮮卑族拓跋《たくばつ》氏の北魏が439年に華北を統一して「北朝」を開き、争乱の時代は幕を閉じた。ここからの時代を、「北朝」と「宋（南朝）」が同時に存在する「南北朝時代」と呼ぶのである。

この時代の変わり目には、小国同士の戦争が頻発する傍らで、漢民族と異民族がよく交わるようになった。周辺民族はそれまで漢民族に敵対心を抱きながら、その文化に対しては憧れのようなものもあり、ある種の劣等感を抱いていたという。そのため、西晋が破れるといままでの鬱憤を晴らすかのように漢民族を見下す風潮さえあったようだ。現在、「悪者」や「ならず者」のことを「悪漢」や「無頼漢」など「漢」をつけた言葉で表現するのも、この時代に由来するそうだ。

後漢末期から西晋にかけては、諸王は争乱に明け暮れ、役人は私利私欲を追い求め、だれも人民のことなど顧みぬ時代であった。その発端となったのは、権力者の思想である。「人民を性悪説と見る」、つまり人は生まれながらにして悪性を持つという考えを権力者が持ってしまい、それが定着し始めたのだ。それとともに、人民にも「権力者を性悪説と見る」という思いが芽生えていったのである。

09 民と権力者の相互不信—南北朝時代

2015年8月、中国の天津物流倉庫で大規模な爆発事故が起きた。その4年前の2011年7月には、中国高速鉄道の衝突脱線事故があった。日本でも大きく報道されたので記憶に残っている方もいるだろう。天津の事故では死者123人、行方不明50人とされているが、おそらくそんなものではない。

このような事故のニュースに接する度に、遺族の政府・行政を非難する声がむなしく響く。政府・行政側も報道を規制して情報を一切出さない。人民は、政府側を信頼していないし、政府側も人民のことに気をかけていない。このような相互不信はいつから生まれたのであろうか。

それは、すでに戦国時代に芽生え、三国時代・西晋時代に定着し始めていたが、特にこの南北朝時代に定着し不動のものとなるのである。

●南朝の止むことのない殺戮

西晋が滅びたのち、中国大陸には2つの流れができあがった。北方の鮮卑族が統一した「北朝」と、西晋の亡命政権として南方に誕生した「東晋」である。東晋は約100年間存続したが、それも終わりを迎えるときがくる。中国大陸に南北2つの王朝があった時代の、まずは南朝の内側をみていきたい。

南朝では、東晋王朝の跡を継いだ東晋将軍の劉裕《りゅうゆう》が、420年に武帝として即位し「宋王朝」を開いた。なお、元王朝の後の908年に「日宋貿易」が行われた宋王朝が開かれるので、これと区別するために、「南宋王朝」あるいは「劉宋王朝」と呼ばれることがある。

南朝にはその後「斉」「梁」「陳」の3王朝が興り、再び国々が覇権を争うことになる。589年に陳王朝が滅ぼされるまでの169年間、興亡が繰り返された。

華中以南をみると、三国時代の呉、東晋、そして南朝の四王朝（宋、斉、梁、陳）をあわせて、漢民族の6つの王朝が現在の南京に首都を置いたので、この約360年間を六朝時代とも呼ぶ。

東晋のあとに開かれた南朝の各王朝だが、いずれにおいても帝位をめぐっての身内争いが絶えず、人民が大きな被害を受けることはないにしろ、争いの絶えない時代だった。

最初の宋王朝では、武帝が即位後3年で亡くなると2代営陽王が跡を継いだが、乱暴者だったためすぐに退位させられた。次いで武帝の三男・文帝が3代目の皇帝となる。文帝は古典を広めるために学者を公職に復帰させるなど、漢王朝時代の文治主義を採用した。この時代に宋王朝は大いに躍進したが、文帝は長子の皇太子劉劭《りゅうしょう》によって暗殺されてしまった。

すると今度は文帝の第3皇子劉駿《りゅうしゅん》が復讐を行う。兵を挙げて劉劭とその一族一味を殺し、自ら4代孝武帝として即位した。その行動からもわかるように、残虐な面があり、ほかにも酒に溺れたり重税を人民に課すなど、名君とは程遠かった。続いて即位した5代劉《りゅう》子業《しぎょう》も同様だった。

さらに、今度は文帝の第11子で6代明帝が、4代孝武帝の後継者やその一族を殺し復讐したうえで即位した。次の7代蒼梧王《そうごおう》も、自分の意にそぐわない者にはすぐに暴力をふるい、凶器を持ち歩いて街に出ては手当たり次第に人を殺していたという暴虐皇帝である。

そして、最後の皇帝の順帝《じゅんてい》は即位後に蕭《しょう》一族の蕭道成《しょうどうせい》に帝位を譲るよう迫られたことで廃位し、479年に宋王朝は滅亡した。ちなみに、蒼梧王の非道なエピソードは、奪権を正当化するために蕭道成が誇張した可能性が考えられる。

わずか59年間のうちに、宋王朝の皇帝は8代まで誕生した。平均すると1人あたり約7年間の統治である。王朝内には乱暴者あり、酒色に溺れる者あり、復讐の連鎖による殺戮ありで、どの皇帝も統治力に欠け短期政権に終わってしまったのだった。

次いで、蕭道成が斉《せい》王朝を開き、高帝として即位した。高帝は倹約に努めるなど正しく政治を行い、子の2代武帝も父の跡を継いで善政を行った。滑り出しは好調……かに見えた。しかし、そのあとの3代鬱林王、4代明帝は粗暴の限りを尽くし、5代東昏侯《とうこんこう》は猜疑心が強く大臣らを次々と殺害するなど、悪童天子と言われるほど悪逆の限りを尽していた。いずれの皇帝も短命に終わった。

これを討つために挙兵した斉帝室の一族である蕭衍《しょうえん》は南京を攻め落とすことに成功し、禅譲を前提に擁立した6代目の和帝からその地位を譲り受け、斉王朝はわずか23年間で終わりを迎えた。

なお、蕭衍が南京を攻め落とした時、病気や飢餓で8万人の人々が亡くなったと伝えられている。

続いて、蕭衍が武帝として即位し、梁《りょう》王朝を開いた。武帝が皇帝であった47年間が、南朝の黄金時代だったといわれている。政権が安定していたのは、租税を軽減し律令を制定することによって国内を治められたからだった。しかし、後年は仏教に傾倒し過ぎて三度も捨身《しゃしん》（皇帝の地位を捨てて仏を供養すること）するようになり、その度に多額の金で帝位を買い戻さなければならなくなった。これにより梁の財政が悪化したことと、武帝の人を信じる心につけこんだ北朝の武将・侯景《こうけい》が乱を起こしたことによって、黄金時代は終わりを迎える。そのあとは下り坂を転げ落ちるのみで、梁王朝最後の皇帝・敬帝は梁の軍人陳霸先《ちんはせん》に禅譲を強いられ、梁王朝は、556年に54年間で幕を閉じた。

陳霸先は武帝として陳王朝を開いたが、即位後にすぐ僧籍に入ってしまい、2代文帝も3代臨海王も無力で、5代目の最後の皇帝・後主は政務の執行を嫌い、音楽に興じてばかりであった。589年、陳王朝は楊堅《ようけん》の率いる隋軍によって滅ぼされた。わずかに32年間の治世だった。これによって、華南地方で細々と支配を続けてきた漢民族の王朝は、表舞台から姿を消したのだった。

その背景には、皇帝の資質もさることながら、西晋をはじめとして南朝のほとんどの支配階層が、当時流行していた「清談《せいだん》」にのめりこんでいたことが挙げられる。清談とは、政治抜きの哲学や文芸的論議のことである。彼らは乱脈を極める政治への反攻も、ましてや異民族に奪われた華北地方の奪還も考えようとしなかった。政治から逃れるために、酒宴を開いて清談に耽っていたのだ。

こうして南朝は169年間ののちに滅んだが、後に述べる北朝に比べれば争乱がありつつも比較的安定した時代であった。北朝にも南朝にも共通することは一族同士の殺し合いが繰り広げられたこと

清談の代表的な存在である、「竹林の七賢」の絵。清談は漢の時代から行われ、徐々に流行していった。

である。いや、これは南北朝に限ったことではなく、六朝時代から延々と続いていたことだ。政権奪取のためなら手段を選ばない殺戮が恒常化していたのである。

また、その六朝が都を置いた建康（現・南京）は、その約350年の間に、政権奪取のための激しい殺し合いと反乱が度々繰り返されていた場所である。東晋時代の王敦《おうとん》の乱、329年の蘇峻《そしゅん》の乱、402年の桓玄の南京制圧、453年から479年の宋帝室の殺し合い、梁時代の侯景《こうけい》の乱、552年の王僧弁《おうそうべん》の南京大虐殺、楊堅率いる隋軍の南京討滅など……合計7回にもおよぶ。南京という地は、この時代からすでに大虐殺が繰り返されていたのだった。

●北魏王朝の分裂

中国北部では、五胡十六国時代を経て、439年に「北魏」が華北を統一し、魏一国による北朝政権が始まった。

華北統一を成し遂げた北魏3代目の太武帝《たいぶてい》は、都をトルコ系民族である鮮卑《せんぴ》の出身地に近い平城（現・山西省大同市）に置いた。北魏はその後100年間続いていく。皇帝の太武帝は道教を保護し、仏教を弾圧したことで有名だ。

漢民族に代わって華北を支配することになった胡族の大多数は、永らく華北に定住していた者だった。彼らと漢民族の間には、少なからず確執があった。胡族は漢民族から夷狄と蔑まれながらも中国文化には一定の敬意と憧憬を抱いており、それは漢人が胡人の軍事力に対して抱く思いと同様であった。

そのような背景もあり、北朝は政治体制について中国の王朝をモデルにした。さらに太武帝は中華世界の君主としてどのような人物像であるべきかを、常に意識していた。

そこで、太武帝は胡漢融和をしながら、漢民族にも支配の正当性が認められる中華世界を創り出そうと、「道教を国教とすること」と「漢化政策」を打ち出した。

当時、支配地域では仏教が広まっていた。仏教はインド発祥の異端で有害無益なものなので、これを排除し、中国の土壌に深く根ざしている道教を国教と決めて保護し、政治を支える精神的支柱にしようという考えである。

そして、漢化政策だ。胡族の部族制を解体するとともに、中国式の制度や文化を採用することで、遊牧民族の胡族と農耕民の漢族を合わせて統治できるようにした。

太武帝は即位してから29年後の452年に臣下の宦官によって暗殺されてしまうのだが、幸いにも政治の基本路線を敷くことができ、方針は引き継がれていくことになった。

太武帝の胡漢融和の精神をさらに推し進めたのが、6代孝文帝である。孝文帝が即位してからしばらくは、皇太后が摂政となり「均田制」や「三長制」の土地公有政策と税制の整備が行われた。

「均田制」は政府所有の土地を民に貸し生産物の一部を納税させるものであるが、これを実施するには人口調査が必要となる。そのための制度が「三長制」と言われる制度で、「5家で1隣、5隣で1里、5里で1党」としてそれぞれに長を置くものである。

孝文帝は即位後19年たつと、本格的に漢化政策を取り入れた。それは、胡族の胡語と胡風を禁じ、自らも拓跋《たくばつ》という鮮卑の姓から元という漢姓に改め、胡漢の通婚を奨励するといったものであった。これによって、遊牧民は確実に漢民族と同化していった。

その4年後の494年には、都を平城から伝統ある漢民族の地・洛陽に移した。さらに、生母の外戚勢力の台頭を抑えるために、北魏の旧制度であった「世継ぎの皇太子が決まると皇太子の母親は殺される」という奇習も廃止した。

また、太武帝時代の廃仏は4代文成帝時代に終わっていたので、孝文帝は、自身の治世の晩年に多数の異民族の国家の統一政策として、仏教を復活させ精神的支柱にしようと決めた。仏教の保護と奨励を行い、石窟寺院や仏教寺院を建立し、仏教の隆盛に努めた。

こうして、北魏による華北の統一から約80年が経ち、8代孝明帝の時代まで時は進む。孝明帝も引き続き漢化政策を行っており、即位してわずか4年とはいえ順調な統治を行っていた。

ところが、その80年間の漢化政策により、胡族の漢民族への不満は着実に蓄積されていた。それが露呈したのが、519年に洛陽で起きた胡族出身者による暴動である。

北魏統一後、王朝内の官職は中国古来の貴族と漢化政策によって生まれた新貴族によって独占され、胡族である軍人たちの門は狭かった。それに加えて、軍人が文官になるのをさらに制限しようとの動きが出ていたのだ。これを知った天子の親衛隊の羽林営の軍人1000人余りが反乱を起こしたのである。皇帝の摂政をしていた霊太后は首謀者を殺し、将校を年功者から順次文官にして収拾した。これが「羽林兵《うりんへい》の反乱」である。

ところが、この羽林営よりもっと酷い扱いを受けていたのが六鎮《りくちん》の軍人たちであった。

六鎮とは、北方民族の侵入を防ぐ目的で置かれた6つの鎮（軍事的・経済的要地）のことであり、そこには鮮卑や匈奴の有力豪族が北魏北方に移住して警備にあたっていた。ところが、都が平城から洛陽に移されるとその重要性は低くなり、冷遇されるようになった。これが不満となり六鎮の軍人が挙兵したのである。こうして、523年、「六鎮の乱」が起こった。

洛陽を目指し南下を始めた六鎮の反乱勢力だったが、その進撃を胡族出身の北魏の軍人爾朱栄《じしゅえい》がくい止めた。その功績を評価した孝明帝は、ある目的のため爾朱栄の力を借りようと考えた。摂政である霊太后の専横を排除することである。早速爾朱栄に密詔を送った孝明帝だったが、これが露見してしまい孝明帝は霊太后に毒殺されてしまった。

爾朱栄はその後、9代皇帝に孝荘帝を擁立して入洛した後、霊太后を捕らえて殺し、霊太后が擁立した幼い恭帝とともに遺体を黄河に棄てた。さらに、孝明帝を見殺しにした朝臣2000余人も殺害した。孝明帝に忠義を尽くすような行為であるが、今度は爾朱栄の専横が目立つようになり、見かねた孝荘帝に殺される。その孝荘帝も爾朱一族の手にかけられ命を落とした。

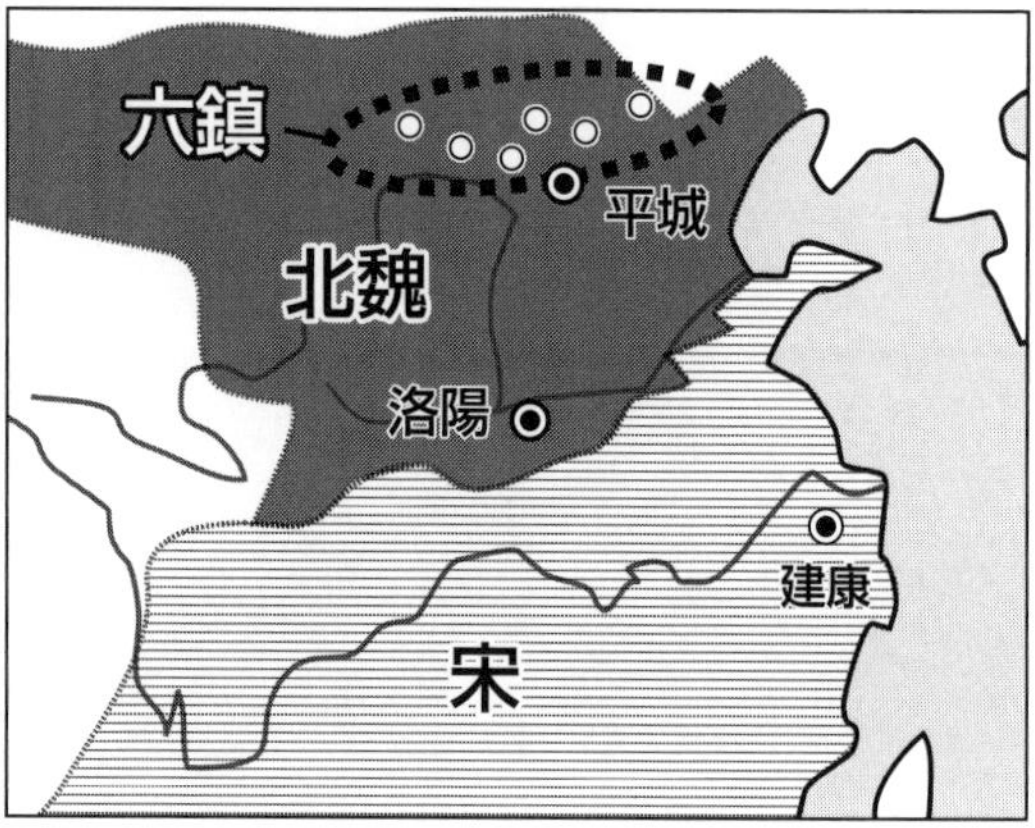

北魏の都が平城に置かれていたころ、六鎮は匈奴からの侵入を防ぐ砦だったが、493年の洛陽への遷都によって扱いが悪くなった。

結局、胡族の軍人たちの反乱に端を発した内紛で混乱状態に陥ってしまい、北魏は５３５年に「東魏」と「西魏」に分裂した。

その後の北朝は、見るも無残であった。５５０年に東魏の武将の子である高洋が禅譲を受け、文宣帝《ぶんせんてい》となり「北斉」を開いた。一方、５５７年には西魏の武将の子である宇文覚《うぶんかく》が孝閔帝《こうびんてい》となって「北周」を建てた。

北斉の文宣帝は、またしてもと言うべきか、暴虐・淫乱・酒乱で悪名高い皇帝であった。自分が鮮卑族出身ということから王朝の要職には鮮卑族出身者だけを重用し、また、兄嫁を奪ったり、酔うと血を見なければおさまらない物騒な酒乱だったようで、幼い子を理不尽に殺すこともあった。宮廷内の庭に、鍋や長い鋸《のこぎり》、鉄槌などを並べ、思いつきで楽しみながら人を殺していたという。困り果てた重臣たちは、死刑囚を皇帝のそばに座らせることにした。そこで3ヶ月間殺されなかったら、稀有な幸運児として刑の執行はなくなり釈放されたという。

また、東魏の残党約７００人を虐殺したうえ河に捨てたところ、その後、その川でとれた魚の腹から人間の爪がでてきたなどという身の毛もよだつ逸話もある。

文宣帝の死因は、過度の飲酒によるアルコール中毒だったともいわれる。在位わずか10年足らずでこの世を去った。文宣帝の跡を継いだ2代高殷《こういん》は叔父である高演（3代孝昭帝）によって殺害された。

北魏の王朝内の内乱、軍人の反乱、殺戮は、南朝のそれにも劣らないほど残酷なものであった。終わりの見えない恨みの応酬合戦である。

その後は、北周が北斉を滅ぼして華北を統一した。そして、北周の大将軍・楊忠の子である楊堅《ようけん》は北周５代静帝を補佐することで徐々に実権を握り、禅譲を受け、後に「隋王朝」を開くことになる。

この内乱の時代のせいで、晋時代の２８０年に１６１６万人であった人口は、隋が中国を統一する５８１年には９００万人に激減していた。約７００万人がなんらかの形で命を落とした。


この南北朝時代は、戦国時代に次いで戦争、内乱が多かったが、それに加えて暴虐・淫乱が揃った極悪権力者が支配した時代であった。権力者側からすれば、民というのはもともと徳のない利己的存在だから蔑《ないがし》ろにしても致し方ないという考えなのである。

この時代を中心に定着した「人民の暴政馴れ」と「権力者側と人民の相互不信」は、唐王朝が全国統一するまでの４００年間に、不動のものになっていく。

そして、この政治意識は現在の中国にも、中国人のＤＮＡに組み込まれながら引き継がれている。

10　大運河の建設と疲弊する民―隋王朝

この時代には、我々が学校で学んだ「遣隋使」の話が登場する。飛鳥時代に入っていた日本では、聖徳太子が大陸の文化や制度を吸収するために「遣隋使」を隋に派遣した時代である。

ここまでの中国史を振り返ってみれば、漢、魏、晋と南朝諸王朝は、確かに華夏、漢系の民族であったが、五胡十六国から北朝の諸王朝は五胡系の夷狄が建国したものだ。

これから始まる隋も唐も、五胡の系統を引く鮮卑（トルコ系）の王朝である。さらに、隋、唐以降の中華帝国も、宋、明以外は夷狄からつくられた帝国なのだ。

●文帝の国内統治策

隋王朝（581年~618年）を開いた楊堅は北周の位の高い武将だったが、北周という国家はそもそも、鮮卑の一族が建てた「北魏」の後裔である。楊堅自身もまた漢化した拓跋族で、その出自は漢民族から見たところの夷狄だった。だから、その楊堅が建てた隋王朝も、「夷狄」の王朝である。

581年に北周の静帝が弱冠8歳で没すると、徐々に実権を握っていた楊堅は、禅譲といいながら帝位を簒奪し、文帝として即位した。その後、589年に南朝の陳を滅ぼし、西晋滅亡から約270年後に、中国はようやく再統一されたのである。

文帝（楊堅）は、国を一つにまとめるために今までの中央官制と地方制度を大胆に改革しようとする。というのも、南朝の旧領で用いられていた「九品中正制度」という官吏登用制度が、統一に際して大きな障壁になっていたからだ。この制度は、もともと三国時代の魏の頃から取り入れられていたもので、中正官（推薦者）のもとで推薦された才能や徳のある人物を、最高の一品から最低の九品まで段階のある官職に分け、中央に推挙する制度であった。

だが、良くも悪くも中正官次第の制度だった。中正官を輩出する地域の者や知識人達には有利でも、コネのない者は高い地位に就くことができず、貴族とよばれる特権階級を生み出す要因になっていた。

隋王朝初代皇帝・文帝（541～604年）

そこで、まずこの「九品中正制度」をやめ、試験によって官吏を採用する「貢挙《こうきょ》」制度を実施することにした。新しい制度は、血縁関係による官吏登用を否定するもので、広く人材を求める制度だった。この制度こそ、一時期を除いて清朝末期まで続けられた「科挙」と呼ばれた制度である。人肉食の習慣、宦官、纏足《てんそく》と並んで、中国の影の1つであった。一見すると公平で実用的な試験のようだが、試験は詩歌などの教養を求められる非実用的なものであり、試験に合格するためには労働を強いられない環境と、膨大な学費が必要だった。つまり、結局は経済力のある上流階級の者しか受けられなかった点が、影とされる理由である。末期になると、さらにその色合いが強くなっていった。「科挙」という名称は、試験内容が秀才科・明経科・進士科などに分かれていた選挙だからそう呼ばれたという。

また、地方を統治する仕組みも「州・郡・県の3段階制」から「州・県の2段階制」に改めた。これで、地方の長官の人事も中央の役人が決めることになった。

さらに、物流面、軍事面の必要性から、長安から黄河に入る運河・広通渠《こうつうきょ》（584年）、淮水《わいすい》と長江を結ぶ運河・山陽瀆《とく》（587年）も建設した。加えて、都城としていた長安城の老朽化が激しかったので、新しい都城の建設に取り掛かった。夷狄の侵攻も防ぐことができるような、東西約10キロ、南北約9キロという広大な城壁をもつ「大興城」を建設したのだ。

これは唐朝にもそのまま引き継がれ、「長安城」と呼ばれるようになる。この「長安城」は同時代の日本の奈良の都である平城京にも取り入れられているものだ。

ただし、日本では夷狄の心配は無用なので、羅城門《らじょうもん》の左右を取り除き、城壁は設けられなかった。

●暴君・煬帝の大運河建設

文帝の次男である楊広《ようこう》は、自分を廃嫡しようとした父・文帝を暗殺し、煬帝《ようだい》として2代目皇帝に即位した。

煬帝は「自分は忠告が大嫌いだ」と公言するほどの、南北朝時代の諸皇帝にも劣らない暴君気質を備えていた。唐王朝時代に付けられた諡《おくりな》の「煬」という字には「天に逆らい、民を虐げる」という意味が含まれているという。その時代に、「暴君」として評価されていたということになる。

父を殺して即位した煬帝だったが、政策については内外ともに父のものをさらに推し進める方針をとった。第二の都・洛陽と、その東南に位置する江都《こうと》に築いた壮大な宮殿を容易に行き来できるように、まず運河を掘らせたのである。そこを走らせる豪華船「竜船」も建造させた。

次いで、黄河と淮水を結ぶ通済渠《つうさいきょ》（６０５年）、黄河から北京方面に至る永済渠《えいさいきょ》（６０８年）、さらに揚子江から杭州に達する江南河《こうなんが》（６１０年）、と大運河網を完成させた。その全長は１８００キロにも及び、幅は30〜50メートルもある壮大なものであった。

隋王朝２代皇帝・煬帝（569〜618年）

このような大運河にもかかわらず、いずれも５ヶ月間で完成させようと男女１００万人以上が徴用された。しかし、途中で半数近くが死んでしまい、それを補うためにまた次々に人民が徴用され続けた。結局、動員された人員は延べ５００万人にも達したという。

豪華船「竜船」は４階建てで、煬帝の部屋と愛妾のための部屋がなんと120も設けられていたそうだ。煬帝が「竜船」に乗って視察旅行する時には、船を曳く人は数万人は必要とされ、もちろんそれは人民が担う作業となる。その暴虐ぶりに人々の不満が鬱積するばかりであった。

とはいっても、煬帝が完成させた「大運河網の建設」は、それまで大小の河川によって分断されていた南北間の交流を一挙に促進させ、経済が発展するのに大いに貢献したと高く再評価する見方もある。また、科挙制度の整備、万里の長城の改築、仏教の興隆にも手を貸しているということもあり、単純に善悪の評価をするのは難しいところであろう。

だが、煬帝の目的は、あくまでも租税徴収のために交通路の確保と軍隊移動を楽にすることだけであった。そのためにも中央集権政治を徹底したのである。

●日本、隋王朝の煬帝に遣隋使・小野妹子を派遣

「隋」が建国された581年頃、飛鳥時代に入った日本では、推古天皇のもとで聖徳太子が摂政となり、天皇を中心とした中央集権国家体制の確立を目指していた。さらに仏教を厚く信仰しその興隆に努めていた。

大陸の文化や制度を吸収すべく、600年には第1回遣隋使が派遣されたことは多くの人がご存知のことと思う。その後、604年には「和を以て貴しと為す」から始まる「十七条の憲法」が制定された。

この憲法が制定された背景には、隋との対等な外交を進める前に、まず国内改革をする必要性に迫

られていたことがある。日本国内では、仏教導入を巡り、蘇我氏と物部氏との争いが起きていた。さらに隋の大陸を見れば、権力を巡った親族同士の殺し合いを日常茶飯事のように行う姿があった。だからこそ、この憲法には、豪族同士が争いをやめて人々が和の精神を持ち、天皇を中心に協力していこうという考えがこめられている。中国大陸のあり方を反面教師とし、公のために奉仕する役人の心構えと国家の理想が示されているのだ。

文帝は、聖徳太子が派遣した第1回遣隋使の使者に対して、朝鮮半島と同じように隋朝に「臣下の礼」を行うよう諭して帰国させている。しかし、聖徳太子はこれを受け入れることなく、607年に第2回遣隋使として小野妹子を煬帝時代の隋に派遣した。

その時の国書が、有名な「日出ずる処の天子、書を日没する処の天子に致す。つつがなしや、云々」と書かれたものである。日本は国の付き合いには対等で行くべきだという理念を持っていたのだ。

国書を見た煬帝は、怒りに震えた。東夷である倭王が、対等の立場を主張し無礼な書を送ってきたのだから、当然だろう。隋書によればこのときの煬帝について「之《これ》を覧《み》て悦ばず、鴻臚卿《こうろけい》（注：周辺民族の管轄官）に謂《い》ひて曰く『蛮夷の書、無礼なる者有り、復《ま》た以《もつ》て聞する勿《なか》れ』と」と書かれているという。

煬帝が怒った理由は、「世界に一人しかいないはずの〝天子〟を日本側が用いた」こと、そして「中華を〝日没する処〟と称したこと」とされる。

隋に使者を派遣したのは、仏教勉学のために僧侶の交流を希望してのことだ。つまり「仏教を信じる国同士は平等である」という聖徳太子の主張が、あの国書からうかがえるようである。

なお、この時代には、遣隋使、また多くの留学生や留学僧によって、仏教が日本に伝来してきた。この仏教はいずれ南都六宗（法相宗《ほっそうしゅう》、倶舎宗《くしゃしゅう》、三論宗《さんろんしゅう》、成実宗《じょうじつしゅう》、華厳宗《けごんしゅう》、律宗《りっしゅう》）と呼ばれるものの前身である。六宗は宗派というよりは当時、学科の意味をもち、涅槃《ねはん》（不生不滅の悟りの境地）に達するために全て学ぶべき学科とされていたのだった。

●高句麗遠征で国費増大、苦しんだ民による反乱で隋王朝滅亡

隋王朝が滅びた主な原因は、大運河の開削と並んで、民を疲弊させた高句麗遠征にあった。文帝・煬帝が高句麗遠征に国費を費やしたのは、どうやら、文帝が北周を簒奪したことと大いに関係があるようだ。

文帝時代の朝鮮半島に目を向けると、半島の韓族国家としては「百済《くだら》」と「新羅《しらぎ》」の2ヶ国だけとなっていた。新羅は中国に統一国家の隋ができると早速朝貢し、当時に、朝鮮半島の北方にあった強国・高句麗《こうくり》の横暴を訴えていた。

一方の高句麗は、南北統一以前の北周には朝貢していたが、隋の朝貢の求めには応じなかった。その理由は、高句麗は北周とは長く友好関係を維持していたが、その北周を簒奪したのが文帝だったからである。よって、高句麗は隋に激しい敵対感情を抱いていたのだった。

こうした背景があり、高句麗は隋が領土とする遼西地方に軍勢を侵入させた。その行為をうけ、隋王朝は「中華思想」を大義に、蛮夷の高句麗を懲罰することになったのである。

文帝は、まず海陸合わせて30万人からなる大軍で遠征を行ったが、隋軍は高句麗軍に大敗を喫した。高句麗軍の騎馬戦法に対して、隋軍の歩兵戦法では到底太刀打ちできなかった。『随書』によれば、10人のうち8～9人が死亡したと記録されている。

文帝の政策を継いだ煬帝もまた、高句麗に対する強い復讐心を抱いていたが、煬帝は高句麗とどまらず外征の対象を広げていた。まず、即位してから1年後の605年に、現在のベトナム中南部にある林邑《りんゆう》（チャンパ）を攻め、朝貢国とした。さらに609年には青海地方に勢力を張っていたチベット系の吐谷渾《とよくこん》を侵攻し青海を併合した。

その後も、高句麗遠征軍を3回（612年、613年、614年）にわたり派遣した。

そのうちの第1次遠征ではなんと400万人が出征し、8～9割が死んだ。惨憺たる敗北であった。第2次遠征も送ったが、重臣の楊玄感《ようげんかん》の反乱もあり失敗した。煬帝はというと、反乱を鎮圧するそぶりも見せることなく江都に逃れて、そこで酒色に耽っていたという。

第2次遠征が失敗したにもかかわらず、煬帝は第3次遠征を強行した。しかし今回は、自軍の勢力も弱体化していたこともあり、征伐する自信はそれほどなかったようだ。だが、意表を突かれた高句麗が降伏を申し入れてきたことで、隋軍は血を流すことなく征服に成功し、運よく無傷で引き揚げることができた。

しかし、隋軍が引き揚げる光景を目にした北方の遊牧民族「東突厥《ひがしとっけつ》」は、敗北により撤退しているのだと見て、締結していた和議を破り、北辺境に侵入してきた。煬帝も包囲されたが、部下の李世民に救われる始末であった。

楊玄感の反乱以降、全国各地で幾度も反乱が勃発し、その数は200件にものぼるという。その中の群雄の1人である李淵《りえん》が617年に長安を占拠した。反乱軍に囲まれた煬帝は、妃や子とともに敵兵によって殺害された。

煬帝の孫が跡を継ぎ3代皇帝・恭帝として即位すると、李淵は恭帝の摂政となった。そして、618年には副都洛陽を落として恭帝を退位させ、自ら高祖となって唐王朝を開いた。

ここに隋王朝は終焉を迎えた。わずか37年間の短い栄華であった。

なお、この時代の人口は、かなり増加している。隋建国時の581年に900万人が引き継がれ、25年後の606年には4600万人にまで増えたようである。これは、7世紀における中国人口の最大数となった。その要因に、隋の統一によって平和が到来したことと、大運河の開通によって南北間の経済が著しく繁盛したことが挙げられるだろう。

11 繁栄を謳歌した国際色豊かな唐王朝

この時代は、最澄と空海が派遣された「遣唐使」、日本の江戸時代に藩主の間で読まれ理想的君主と言われた太宗《たいそう》の治世「貞観《じょうがん》の治」、また、孫悟空が猪八戒らとともに三蔵法師を守ってインドに仏典を取りに行くまでの物語「西遊記」など、日本にも馴染み深い話題が登場する。

●理想的君主の太宗――貞観の治

「唐」は建国が６１８年、滅びたのが９０７年なので、２８９年も続いた王朝である。

唐王朝は、隋王朝の地方官であった李淵《りえん》により開かれた。李淵は北周時代の５６６年に長安で生まれたが、出自はトルコ系の鮮卑族であった。したがって、唐王朝も隋王朝と同じく鮮卑の王朝である。

李淵が皇帝高祖になった頃は、まだ混乱が収まっておらず、地方でも群雄割拠の様相が残っていた。

そんな折、高祖は22人もいる息子の中から、長男である李建成《りけんせい》を皇太子に指名した。指名された李建成は弟と組んで、幅を利かせていた目障りな高祖の次男・李世民《りせいみん》を消そうとした。

それを知った李世民は李建成と弟たちを殺し、父も退位させて幽閉し、唐王朝の2代皇帝太宗に即位した。この李世民が兄弟を討ったクーデターは「玄武門《げんぶもん》の変」といわれているが、その背景には道教派の李世民一派と、仏教の優越性を主張する李建成一派の争いがあったとされる。それが表面化したものであった。

しかし太宗は、これだけ非人道的な行為で帝位に就いたわけだから、自ら理想的君主の姿勢を見せなければ、また長安は戦乱の地になると憂慮した。

そこで、太宗は隋の滅亡を教訓として、唐王朝の基本方針を「戦いをやめ文を修めて、支那が安定すれば、四夷は自ずから服する」とした。そして、律令国家を支える三本の柱である「均田制」「租庸調制」「府兵制」を基礎とする中央集権制を整備し、「唐律」を制定した。

これらの政策は、前漢・高祖が秦王朝時代の暴虐政治を反省して実行した宥和政策に極めて類似したものである。民には賦役を軽くし、刑罰を緩やかにし、そして簡略化した施策であった。

つまり、これらの政策には、黄帝と老子を始祖とする道家の教え「田租の免除や労役の軽減による農民の保護政策」の理念が打ち出されている。

また、太宗は兄殺しという反儒教的な行為で帝位に就いたにもかかわらず、自らは儒教の徳治政治を理想とした。孔家32代目の孔頴達《こうえいたつ》を重用して、君臣一致して政治の理想を追求し、人材の任用と諫《かん》言《げん》によく耳を傾け受け入れたという。

例えば、太宗は、かねてから李建成の側近であった魏徴《ぎちょう》の率直さを高く評価していた。玄武門の変で李建成が亡くなると、魏徴を皇帝の身辺に侍する役職に登用したのである。

魏徴は、目上の者にも大胆に諫言することで知られていたが、癇癪《かんしゃく》を起こすことが頻繁にあった太宗に対して、在位中実に200回以上も諫めたという。それでも、太宗はその率直さを買って、魏徴を取り立て続けたのであった。これが日本にも伝えられ、「貞観の治」と讃えられる太宗の善政であった。

こうした太宗の意向もあり、儒教は唐王朝の統治理念とされ、隋時代から引き継いだ科挙制度の試験科目とされた。その官選の固定教科書である「五経正義」は、太宗が儒教の経典である「五経（易経・書経・詩経・礼記・春秋）」の注釈書として孔穎達に編集させたものであった。

儒教を国家に広める一方で、太宗は道教の始祖・老子が唐王朝の先祖にあたると説き始めた。老子の本名は李耳《りじ》との説を突然言い出し、唐王朝も李姓による統治であることから関連付けを行おうとしたのである。当時もとってつけた説だと言われていたが、次第に尊崇を受けていった。このような行動の背景にあるのは、やはり自身が異民族の出自であることの後ろめたさである。唐王朝は正統な漢民族の王朝だと主張したかったのだろう。

結果、儀式では道士が僧侶より上位にある「道先仏後《どうせんぶつご》」となり、ほとんど道教が国教とみなされた。

ここまで儒教と道教のことばかり述べてきたが、太宗は仏教も保護していた。629年に、玄奘《げんじょう》という僧が国禁を犯してインドへ赴き、仏典を持ち帰ってきた。禁を破ったにもかかわらず、太宗は玄奘を手厚くもてなし、648年には長安に大慈恩寺を建立して、玄奘を上座に据え訳経に専念させている。

安定した太宗の統治が及んだ23年の間に、治安も回復して人口は増加、均田制によって税収が安定

現在の大慈恩寺と大雁塔（© Maros and licensed for reuse under Creative Commons Licence）

したことで経済も成長発展し、科挙の制度によって官僚体制が整備された。

　一方、中華思想の意識が最大限に発揮されたのも唐の時代であった。特に太宗は、対外的には夷狄を撃ち懲らしめて領土を拡張し、国威を示していく。国内を徐々に平定した太宗は、６３０年、唐王朝の北方に控える東突厥《ひがしとっけつ》が内紛を起こしたのを契機に攻めこみ、これを滅ぼした。これにより、太宗は「中華皇帝」に加えて、四夷の族長に推薦された形で「天可汗《てんかかん》（世界皇帝の意味）」ハーンの位にも即位した。

　その後、６４０年には西域の中継貿易基地として栄え、交通域を支配していた高昌（トゥルファン）国を滅ぼし、さらに６４１年に、現在のチベット地方に存在した杜番《とばん》との和議を成立させた。

　６４５年には宿敵の高句麗へ40万の軍勢を引き連れて遠征し、３年間にわたる戦いを繰り広げたが、この遠征も成功しなかった。太宗は、高句麗への遠征がたたり、６４９年に51歳で亡くなった。

　太宗が行った国内の善政によって、都・長安は世界各地から商人や使節が集まり、当時の世界でもっとも国際色豊かな都市に発展していた。シルクロード交易が盛んになったことで、西域を通りササン朝ペルシャのイラン文化が伝えられ、ビザンツ帝国やイスラム世界とも接触し、イラン系オアシス灌漑農耕民族で商業を得意とするソクド人商人などが活躍した。

さらに、インドの僧侶や日本や新羅からの留学生・学問僧など、長安には世界各国からやって来た人々およそ10万人以上が闊歩したと伝わっている。

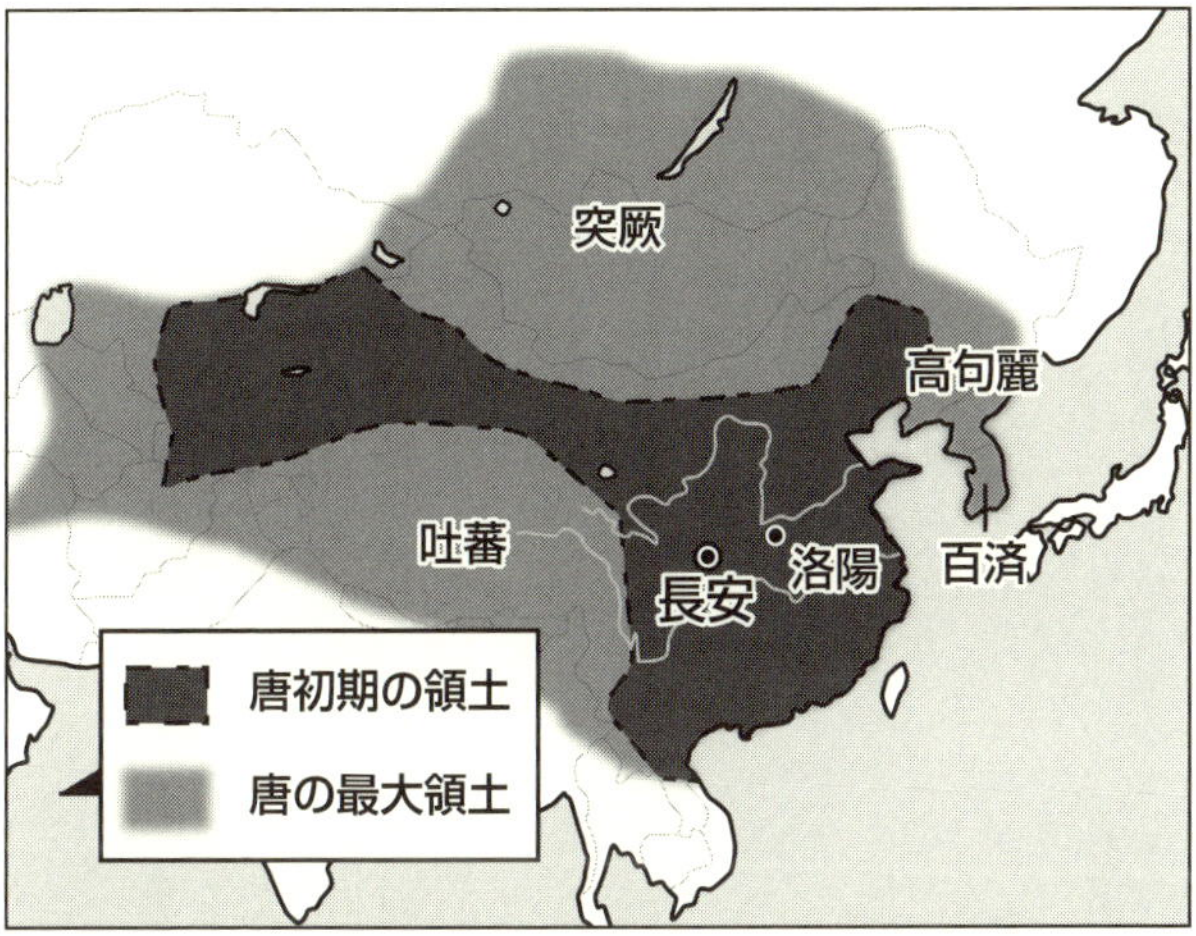

３代目高宗の時代、東は朝鮮半島、西は現在のウズベキスタン、トルクメニスタンを経てパミール高原方面、北はモンゴル高原の東突厥方面、南はミャンマーの一部やラオス、ベトナム方面までを領有し、これが唐王朝の最大領土となった。

３代高宗の代になると、６５８年に西域に遠征し、かねてより敵対していた西突厥《にしとっけつ》を滅ぼした。そしてオアシス国家の亀茲《くじ》に進軍し、やがて焉耆《えんき》（カラシャール）、亀茲（クチャ）、于闐《うてん》（ホータン）、疏勒《そろく》（カシュガル）に安西四鎮《あんせいしちん》を置いて、シルクロードの西域侵略に成功する。そこで行ったのは、現在の支配体制を温存しながらも朝貢を義務づける二重支配体制である。

６６０年には新羅の要請を受け、兵を送り百済を滅ぼした。これが「白村江《はくすきのえ》の戦い」の前哨戦ともいえる「百済の役」である。その後も唐・新羅の連合は維持され、６６８年に高句麗を滅ぼし、唐の領域を最大にした。

こうした外征を積極的に行った結果、唐王朝はそれまでの中国史上、最大の領域を保有する大帝国となったのである。

●中国史上唯一の女性皇帝・則天武后

太宗や高宗は、国内において道教、仏教、儒教の三つの宗教をバランスよく扱っていた。強いて言うならば、やや道教が優遇されていたというほどである。

しかし、そのバランスを壊したのが、則天武后《そくてんぶこう》であった。武后の父親は材木商人として、莫大な富を築いた人物であった。それだけでは満足せず煬帝の下級武官になることに成功し、次いで唐の高祖の部下になり、太宗の時代には建設大臣にまでのぼりつめたという野心家であった。

そんな父の娘であるから、武后の野心もかなりのものだった。虎視眈々と地位を狙い、14歳の時には太宗の後宮に入っていたのである。太宗が亡くなった時、子どもがいなかった武后は、仏教の尼寺に送られていた。

しかし、偶然にも尼寺を訪ねた高宗の目にとまり、見初められた。武后にとってはまたとない好機だったのだが、高宗にとっては、それが不運の始まりとなった。

後宮に戻った武后は、自分が生んだわが子を絞め殺しそれを皇后が殺したように騒ぎ立て、罪人扱いにすることに成功する。そうやって皇后を廃し、31歳で皇后の地位を奪ったのである。元皇后や側室の両手足を斬ったうえで、酒瓶に投げ込んで殺害するなど残虐この上なかったと伝えられている。皇后の地位を手に入れた武后は、病弱な高宗に代わり、政治の実権を握ってしまった。

高宗が亡くなると、実の息子の4代中帝を追いだし、皇帝位を簒奪し、「則天武后」として国号を「周」とあらためた。ここに、中国史上初にして唯一の女性皇帝が誕生した。

則天武后は、意外にもと言うべきか、施政面では農民を手厚く保護した。その結果、田畑が多く開墾され、また汚職を厳しく罰するなど国内の統治に努めた。

しかし、それも長くは続かない。晩年は男妾に溺れて、王朝内に腐敗・堕落が広がり、705年にクーデターを起こされ退位した。

ところで、則天武后が元皇后や側室を虐殺したとき、側室の1人が死に際に「猫に生まれ変わって祟ってやる」という呪いの言葉を吐いた。野心家で残虐な性格の則天武后だったが、その言葉がしばらく頭から離れずにいた。

高宗の皇后・武則天（690～705年）。日本では「則天武后」と呼ばれることが多い。

そこで、則天武后はなんとか死者の霊を鎮めたいと仏教にすがったのである。そうして仏教が優先された結果、太宗の時代には「道先仏後」だったのが、「仏先道後」となったのだ。太宗の頃にあった三つの宗教のバランスを崩したのは、則天武后ではなく1人の側室だったともいえるだろう。

その結果、各地に仏教寺院が建立され、洛陽には大仏が造営された。日本の各地にある国分寺や東大寺の大仏は、これを真似たものである。

●楊貴妃登場、安史の乱で揺らぎ黄巣の乱で滅亡へ

則天武后の退位後、武后の実子の中宗《ちゅうそう》が皇帝に返り咲いたが、即位して5年後に中宗は韋《い》皇后に毒殺されてしまった。その後、中宗の弟の8代睿宗《えいそう》に皇帝位が引き継がれたが、統治能力に欠け、国内は混乱した。

睿宗の三男で、則天武后の孫にあたる李《り》隆《りゅう》基《き》は、クーデターによって韋皇后とその一族を倒し、712年父より譲位され9代玄宗となった。

玄宗は、すっかり地に堕ちた皇帝の権威を取り戻すことに尽力した。科挙出身の官吏たちを中心に、「開元律令」の制定や民政安定策の推進などを行い、玄宗の統治時代前半がのちに「開元《かいげん》の治《ち》」と評価される、引締め政治を行った。その結果、この時代は2代太宗の「貞観《じょうがん》の治」と並んで安定し、経済的にもシルクロード貿易で発展した時代であった。

玄宗時代の都・長安の人口は100万人といわれ、周辺の各地から渡来する者も多く、国際都市として繁栄した。長安には多数の仏教寺院があり、道教の寺院である道観もあり、その他イスラム教寺院、ユダヤ教の教会、ネストリウス派キリスト教の教会も存在したほどであった。

こうして順調に善政が行われていたのだが、一人の美しい女性の登場により、玄宗の政治は一変してしまった。「世界三大美女」の一人にも数えられる、あの楊貴妃である。

楊貴妃（719～756年）。画像は江戸時代の文人画家高久靄崖による「楊貴妃図」。

玄宗（712～756年）。治世の前半は善政を行い、唐王朝の最盛期を築き上げた。

楊貴妃は地方官吏の娘に生まれ、16歳のときに玄宗の18番目の息子の妃となっていた。楊貴妃はその容姿もさることながら、当時美人の条件とされた小さな足を持っていた。それは纏足《てんそく》によってつくられた足だったが、その足で20センチ四方くらいの狭い床でも巧みにステップを踏み舞い踊れる技能を備えていた。

ちなみに、纏足とは幼児期より足の親指以外の指を足の裏側に折り曲げた状態で布を巻いて固定し、成長を止めて奇形にさせる風習である。辛亥革命の頃まで続いた風習だが、この時代から始まったものといわれている。

踊りと音楽に長け、美しい容姿を持っていた楊貴妃に、玄宗が一目ぼれしたのであった。玄宗は、儒教道徳では絶対に許されない「息子の夫人を奪う」ことをしてしまった。楊貴妃は一旦、道教の寺に預けられて女道士になり、玄宗はその後で彼女を後宮に入れ、皇后位に次ぐ「貴妃」として寵愛した。これが、安寧が続いていた唐王朝を揺るがす要因となった。

楊貴妃の一族は徐々に王朝内で勢力を増やしはじめ、彼女のいとこで節度使《せつどし》（辺境警備のための軍団の長）の楊国忠《ようこくちゅう》が実権を握ってしまった。

それに反発した節度使の安禄山《あんろくざん》（父は突厥の武将であったイラン系ソクド人、母は突厥人）などが楊国忠を討つべく兵を挙げた。いわゆる「安史の乱」（755年～763年）の勃発である。

このような状況になったにもかかわらず、玄宗は、晩年は楊貴妃を溺愛し政治を顧みることもしなかった。結局、楊国忠は殺害され、楊貴妃も玄宗がやむを得ず命じた宦官によって殺害された。

その後、混乱期を迎えた唐では各地で節度使が台頭し、宮廷では宦官と官僚の争いが続き、特に17代文帝以降の60余年間は、宦官の台頭に悩まされた。

文帝は権力を握った宦官を殺そうとしたが失敗し、ますます宦官が宮廷内の実権をほしいままにした。それ以降の5人の皇帝も宦官に擁立された皇帝で、宦官の前では皇帝はまるで、宦官の弟子のようであったという。

混乱に乗じた形で、18代武宗《ぶそう》は、「会昌《かいしょう》の廃仏」（845年）という仏教弾圧を引き起こした。武宗は文帝の弟で、仏教ではなく道教を厚く信仰していた。

当時の寺院の中にはすでに腐敗堕落が満ち溢れているというのが弾圧の理由で、4600の寺院を破壊し、26万500人の僧尼を還俗（僧籍を離れ一般人になること）させ、寺院に隷属していた奴婢15万人を解放した。ただし、弾圧の本当の狙いは、財政難に苦しむ唐王朝が寺院の財産を没収し、税収を増加させることにあったようだ。没収された仏具は銅銭と農具の材料に回された。

このように、廃仏と言っても経済的な理由によるものであり、仏教そのものが否定されたわけではなく、長安と洛陽にはそれぞれ4寺院、各州に1寺院は残された。

理由がどうであろうと、仏教にとっては大打撃であった。これにより、鎮護国家仏教の時代は終わることになったが、それ以降、禅宗と浄土宗という実践を重んじて民衆に根を下ろした新たな仏教が中心となっていくことになる。

この「会昌の廃仏」の頃から、地方では困窮した兵士や農民が行政の改善を要求し、各地で反乱を起していた。中でも「黄巣《こうそう》の乱」（875年）は、10年にも及んだ。

この乱は、元を辿れば塩の密売人である王仙芝《おうせんし》が起こしたものだった。王仙芝は科挙の試験に何度も落ち、その後塩の密売人になったという経歴を持つ男で、同じ境遇にあった黄巣がこれに加わり、他の塩密売人も呼応して膨れあがったものであった。

黄巣軍は881年に長安を陥落させ、国号を「大斎」と称して皇帝位を奪ったが、放火、略奪、強姦を繰り返したことから、人心は離れていた。そこを見抜いた黄巣軍の幹部・朱温《しゅおん》は黄巣軍を裏切り、唐政府に寝返った。

反乱軍は長安を追われて黄巣は自殺に追い込まれ、結局、反乱は失敗に終った。

この「平定の功」で節度使となった朱温が朱全忠《しゅぜんちゅう》と名をあらため、唐王朝最後の皇帝哀帝《あいてい》の帝位を奪った。こうして唐王朝は907年に滅び、朱全忠によって後梁《こうりょう》王朝が開かれた。

その後は各地の節度使が独立し、中原に誕生した五つの王朝が興亡を繰り返し、南部を中心とする地方に10余りの国々が立ち、分裂時代に突入した。「五代十国」と呼ばれる時代である。

そして、唐滅亡から約50年後の960年には五代最後の王朝である後周の節度使であった趙匡胤《ちょうきょういん》が天下を取り、宋を建国し、混乱期は終息するのである。

なお、この唐時代は太宗の「貞観の治」や玄宗の「開元の治」といった、民にとって不自由のない生活と平和が続いたことで、人口は増大していた。玄宗時代の742年には4531万人となり、755年には山西と河南において川の氾濫により飢饉が起こったにもかかわらず、その直後の人口調査では5290万人を示した。

この唐王朝時代における人口数はこれまでの最大数であった。

●中国史上最大の領域を保有する大帝国の中華思想

唐時代も、漢時代と同様に皇帝の徳、つまり武力の及ぶ領域に応じて、「内臣」「外臣」「朝貢国」という段階的な従属関係を構築していた。「内臣」は皇帝の徳と礼と法が及ぶ地域、「外臣」は皇帝の徳と礼が及ぶ異民族の地域、「朝貢国」は中華皇帝の徳を慕い貢物をもってやってくる国のことである。

この時代には、特に法が及ばない「外臣」である周辺異民族に対しては、「羈縻《きび》政策」を巧みに使っていた。「羈縻」とは本来、「羈」が馬のおもがいという頭にからめる装具を、「縻」は牛の鼻づなを意味することから、「つなぎとめる」という意味を持つ。そこから転じて、周辺異民族の君主に唐の官位を与えた上で、その民族独自の自治を認める懐柔策となった。中国史上最大の領域を保有した背景には、中華思想に基づく巧みな外交政策があったのである。

「外臣」に対してとられた羈縻政策だが、ここに分類される地域は、羈縻州と冊封《さくほう》国に大別される。

まず羈縻州とは、現地の部族長に自治権を認め間接的に統治する地域のことで、唐政府より派遣された6つの都護府《とごふ》の監督下に置かれる。都護府は、朝鮮及び東北地方統治のため平壌《ピョンヤン》に置かれた「安東都護府」、北部ベトナム統治のためにハノイに置かれた「安南都護府」などである。ただし、唐中期以降は、府兵制の崩壊にともない、辺境の防備は都護府に代わって節度使が管轄するようになった。

次に、冊封国であるが、これは異民族の首長が唐皇帝から「王」に冊封（冊＝任命文書で封じること）されて、皇帝の家臣となっている国である。新羅、百済、高句麗などがこれにあたる。「朝貢国」はこの冊封国と似ているのだが、唐王朝に使者を派遣して朝貢だけを求める国で、遣唐使や遣隋使を送った時代の一時期の日本、林邑（チャンパ）、そして雲南地方に建てられた南詔《なんしょう》がこの範疇に入る。

ここまでが、唐王朝が交流を結び、その支配下においていた地域である。だが、その外側に目を向けると、皇帝の「徳」の及ばない地域があった。それも大まかに2つに分けられ、「対敵国」と称されるものと、「絶域」と呼ばれるものがある。

「対敵国」とは、東夷、北狄、西戎、南蛮と呼ばれた敵対関係にある異民族国家で、モンゴル高原で活動していたトルコ系大遊牧帝国の突厥や、現在のチベット自治区にあった杜番《とばん》がこれに相当した。

一方、「絶域」と呼ばれた地域は、国家間交渉がなく中国皇帝の恩恵の届かないヨーロッパ諸国を

清王朝２代皇帝ホンタイジに「三跪九叩頭の礼」を行う、朝鮮王の仁祖を描いた銅板

指した言葉である。

唐王朝はこのように国内と周辺国を段階的に分け、それぞれに対応した政策をとっていた。

ここで少し、中国の朝鮮半島支配について述べておく。前漢の武帝が紀元前１１０年に「衛氏朝鮮」を滅ぼした後、朝鮮半島は漢の四郡として、以降約４００年の間直接支配された。さらに、６７６年に朝鮮を統一した「統一新羅」の時代から、「高麗王朝」を経て、「李氏朝鮮」までの約１２００年間は、中国の冊封体制に組み入れられてきた。

朝鮮国王は中国皇帝により朝貢国としての認定を受け、皇帝に対しては三跪九叩頭《さんききゅうこうとう》の礼をせねばならなかったのだが、朝鮮は中華思想を積極的に受け入れ、中華に同化することで自国の格上げを図る道を選んだ。

したがって、朝鮮は、どの時代でも自分たちは中国の分家で文明国家の小中華であると信じ込んでいる。そのため、中華思想の「東夷、北狄、西戎、南蛮」の考えに影響を受け、朝鮮半島の東方にある日本を「東夷」として朝鮮の臣下扱いしたのである。

その考えは、豊臣秀吉の朝鮮侵攻の際に浮き彫りになる。日本からの侵攻は、中国が夷狄を蔑む意味の「倭」の字を用いた「倭乱」と称された。「倭乱」の呼称を用いたのは朝鮮であり、自分たちにとっての夷狄に反乱を起こされたと思ったのである。こうして、日本を勝手に臣下扱いしている朝鮮と、「夷」呼ばわりされているとは全く知らなかった日本との認識の違いが、ここから始まった。

したがって、現在でも、韓国の言動には常に「日本は朝鮮や中国の臣下であり、倭夷《わい》である」との認識が見え隠れしているのである。

こうして中華思想を存分に発揮していた唐時代であったが、この時代の中華思想には、意外にも漢民族的閉鎖性は見られない。むしろ、開放的で大いに国際化した時代に即したものとの評価が多い。例えば、唐王朝は西域を主とした異国文化を珍重し、外国人が宮廷で登用されることも珍しくなかった。さらに、宗教としての仏教が盛んになった背景を辿ってみても、漢民族の流れをくむ南朝の影響ではなく、異民族である北朝から浸透したという史実がある。

唐王朝が夷狄・異民族の血をひく王朝だったからこそ、中華と四夷の融合政策がとれたのではないだろうか。唐の最盛期には、確かに、大国が大国と言われる「おおらかさ」が見られたのである。

しかし、それを過ぎると徐々に唐は衰退し始め、１４０年間をかけても繁栄を取り戻すことはできなかった。安史の乱の際には、衰退化した唐王朝は異民族に援軍を求め、その交換条件として毎年大量の絹を贈ることを約束した。財政状況が逼迫《ひっぱく》してもこの大盤振る舞いをやめることはしなかった。どうにか面目だけは維持しようとする、落日の大国意識の表れであった。

●夷狄が描かれる『西遊記』

おそらく多くの方が、『西遊記』という物語にふれたことがあるだろう。私も小学生の頃に無我夢中で読み、孫悟空の変化自在の術に興奮していた記憶がある。

この物語に登場する、三蔵法師のモデルになったのが、唐代初期の僧・玄奘《げんじょう》である。『西遊記』は唐の時代の物語なのである。629年、玄奘は出国の許可が下りなかったにもかかわらず、国禁を犯してインドへ赴き、18年の年月をかけて仏典を持ち帰ってきた。当時の皇帝だった太宗は、禁を破ったにもかかわらず玄奘を手厚くもてなしている。

仏典の漢訳に従事していた玄奘は、自らの18年間の旅を「大唐西域記」としてまとめていた。これを基にして、まず宋の時代に「大唐三蔵取経詩話《だいとうさんぞうしゅきょうしいわ》」という物語が作られ、それをまた明の時代に呉《ご》承恩《しょうおん》がおもしろく小説化したものが『西遊記』なのだ。

簡単にあらすじを書くと、72の変化術を会得した孫悟空が、猪八戒、沙悟浄とともに三蔵法師を守りながらインドに仏典を取りに行くというストーリーだ。途中で数々の苦難に出会うが、これらを見事に乗り越えて無事インドに到着し、目的を達成したので全員が成仏するという結末を迎える。

この途中で直面する苦難というのが、蛮戎夷狄の地を通過する際に、必ず妖怪たちが三蔵一行を襲ってくるというものだ。物語をおもしろくするために敵の登場は不可欠だろうが、それらの地に必ず妖怪が住みついているというのは、中華思想からでてくる発想である。蛮戎夷狄と言われていた少数民族の地域の方から見れば、不愉快そのものであっただろうと推察する。

●日本、遣唐使派遣

日本は、中国が隋の時代にあった６００年に第1回遣隋使を派遣して以降、隋が滅亡するまでの18年間で5回以上遣隋使を派遣した。

唐の時代になって、日本は唐の文化や仏教の経典などを収集するために、隋の滅亡と同時に停止されていた使者の派遣を再開し、遣唐使として派遣した。第1回遣唐使は唐の太宗の時代の６３０年に派遣されたが、８９４年に停止された。その理由は、唐の国力が衰退したからであった。各地で節度使が台頭し、宮廷では宦官と官僚の争いが続き、人心は荒廃し混乱期を迎えていた頃で、その唐から得られるものはもうない、と判断されたのである。

とはいえ、盛唐の頃は、日本は遣唐使として派遣された多くの留学生・留学僧が唐の文化を持ち帰り、奈良の都・平城京を中心に天平文化を開化させた。

なお、日本が遣唐使を派遣してきたことについて、旧唐書及び新唐書には「倭国が唐に派遣した朝貢使」と記述されているが、日本はあくまで対等な外交を行っていたつもりである。

この遣唐使として派遣された人物で有名な日本人といえば、天台宗の開祖として知られる最澄《さいちょう》と、真言宗の開祖として知られる空海《くうかい》だろう。

最澄が第18回遣唐使の還学生《げんがくしょう》として仏教を学ぶために唐に渡ったのは、８０４年のこと。この頃の唐は、すでに衰退期にあった。留学期間は1年間の予定で、同年7月に第2船で出発、1年後に期限どおり帰国している。

最澄を乗せた船は明州に着き、判官などは長安に上京したが、最澄だけは別れて天台山国清寺《こくせいじ》を訪ねた。最澄はその他にも、台州の龍興寺《りゅうこうじ》で中国天台の第7祖と言われる道邃《どうずい》や、6祖である荊渓大師《けいけいだいし》・湛然《たんねん》の高弟、行満《ぎょうまん》の元も訪れ、天台の教義を学んでいる。彼らは皆、唐で衰えつつあった天台を熱心に学ぼうとする日本の僧の来訪に、驚きを示したという。最澄は天台だけでなく、密教も学んだという。

一方、空海もまた留学生として、最澄と同じときにこちらは第1船で唐へ向かった。このときの遣唐使派遣では他の第3船と第4船が暴風で難破していたので、もしも第1船と第2船も難破していたら、日本に天台宗も真言宗も生まれなかったことになる。空海は唐で真言密教を学び、2年後に帰国した。

ところで、遣隋使の一行も遣唐使の一行も目的地の長安に行く途中、洛陽を必ず通っていたはずである。その洛陽の南13キロのところに有名な竜門石窟がある。きっと彼らはこれを目にしたことだろう。そこにある奉先寺《ほうせんじ》の本尊の盧舎那仏《るしゃなぶつ》は、北魏の時代に宣武帝により始まり、唐の高宗の治世675年に完成したものである。高さ17メートルほどあり、その顔は則天武后に似ていると言われている。

奈良の東大寺にある大仏は、この奉先寺の盧舎那仏をまねて造られたと伝えられているのだ。東大寺の大仏が完成したのは751年のことである。その点から見れば、現在の中国が日本や欧米の商品などを模倣することも、当時の日本が中国のものを模倣したことと似ているのかもしれない。いや、双方ともに、「学んでいた」という表現がふさわしいだろう。

第四章

漢民族王朝の盛衰と征服王朝

12 屈辱的な侵攻を受ける漢民族─宋王朝

宋王朝時代は、日本では平安時代中期から鎌倉時代中期に相当する。

日本と大陸との交流は、平安初期の８９４年に遣唐使が廃止されて以来途絶えていたが、この北宋時代の９６０年代になると、再開された。北宋王朝は貿易を振興する目的で各地に市舶司《しはくし》といわれる海上貿易事務所を設置し、日本と高麗も含めた三国間貿易をおこなった。日本では敦賀や博多が拠点となった。

平清盛の時代には大輪田泊《おおわだのとまり》（現在の神戸）に大規模な港を造り宋船を招き寄せ、平清盛自身も貿易の恩恵を大いに受けたといわれている。この交流によって、禅宗の僧侶が来日し、また宋の多くの書籍が宋の商人によってもたらされた。

しかし、中国人にとっては、この宋王朝時代はできれば歴史から抹消してほしいと願うほど、屈辱的な事件が起きた時代であった。皇帝を始め、皇族ら３０００名が「金」という国に拉致された「靖《せい》康《こう》の変」である。この「靖康の変」と同じ漢字が使われているのが、日本の「靖国神社」である。偶然の一致とはいえ、「靖国神社」の「靖」が中国人のトラウマを刺激しているのだ。

また、この事件で意気消沈した漢民族を奮い立たせるために書かれたのが、「朱子学」であった。朱子学は、後醍醐天皇が起こした「建武の中興（新政）」の大きな支えとなった哲学である。

このように、実は日本とも深い関係がある出来事が、この時代にはいくつも起こっているのだ。

●異民族に攻められる宋王朝

唐王朝が９０７年に滅んだ後、黄河中・下流域の中原では後梁《こうりょう》、後唐《こうとう》、後晋《こうしん》、後漢《こうかん》、後周《こうしゅう》の５つの王朝が覇権を争い、また南部地方では10余の国々が乱立して、「五代十国」と呼ばれる分裂時代が約50年間にわたり続いた。

結局、目まぐるしい政権交代の末に天下を取ったのは、後周の節度使・趙匡胤《ちょうきょういん》であった。彼は最後の王朝、後周の幼帝・恭帝《きょうてい》から禅譲を受けて宋王朝の初代皇帝太祖《たいそ》となり、９６０年に都を汴京《べんけい》（現・開封《かいほう》）においた。宋王朝は、北宋・南宋を合わせて約３００年間続いていく。

太祖は、歴代王朝の皇帝が就任するときに必ず身にまとう「黄袍《こうほう》」を強制的に掛けられ、部下の将兵らに押されて帝位に就いた。それは、幼帝の背後にいる皇太后に権力を奪われないようにするための将兵らの作戦でもあった。

漢民族は「黄帝」の子孫であり、その歴史は全て黄帝から始まるとされている。古代の堯《ぎょう》、舜《しゅん》及び夏、商（殷）、周の3代の創始者も全員黄帝の後裔だ。「黄袍」は、その漢民族の末裔であるという証

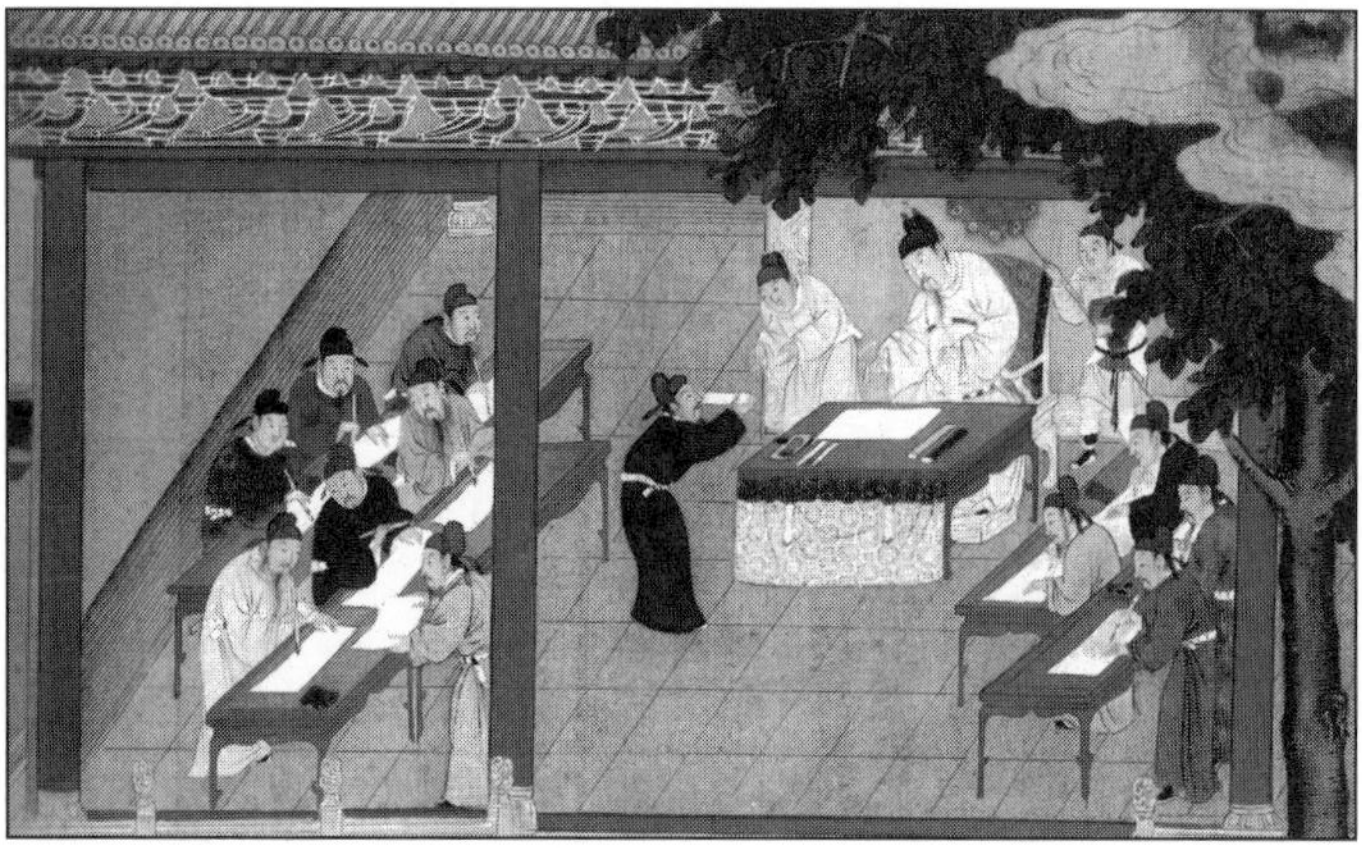

科挙の最終試験にあたる「殿試」の様子

なのである。

太祖が採った政策は、文治主義と官僚育成であった。文治主義では、軍人から軍事権をとりあげて中央から文官を派遣することで軍人の権力を徐々に弱めている。

官僚育成では、有能な官僚を養成するために、「五代十国時代」に休止していた科挙制度を復活させ、皇帝を頂点とする文民統制の官僚体制を目指していった。

隋の時代に始まった科挙だが、当時は秀才科・明経科・進士科などいくつかの試験科目に分かれていたものを、この時代の科挙では進士科に一本化した。試験内容も、経書（易経・詩経・書経・礼記・春秋）と作詩と論文の三分野として、「地方試験」と「中央の礼部試験」に加えて、皇帝が臨席する試験「殿試《でんし》」の体制に整備された。

そして、過去の王朝が「貴族と宦官と軍人」の横暴によって滅んだのを教訓として、常時3000人いた宦官を50人に制限した。

経済活動についても、唐時代には首都・長安周辺では、商売を行うのに場所や時間の制限があるうえに登録が必要だったが、宋の時代になるとそのような規制もなくなり、商業都市が発展していった。この繁栄に伴い、貨幣経済も進展した。また、宋時代の中国三大発明品としてよく知られているのが、印刷技術、火薬、羅針盤である。これらは宋時代に発明されたというわけではなく、唐代の品を改良し、普及させたのが宋人であったということだ。

太祖が全国統一をなして、経済や内政も安定したとはいえ、地方にまだ残存政権が残っていた。在位期間中の16年間で地方勢力の平定を行っていったが、太祖は50歳のときに急死してしまい、呉越と北漢の国が平定されずに残ってしまった。

本来なら太祖の跡を継承すべき幼帝がいたのだが、太祖の弟の趙匡義《ちょうきょうぎ》が2代太宗としてその地位についた。その直後に、太祖の長男と次男が不自然な死を遂げていることから、太祖も太宗に殺されたのではないかという、兄殺しの疑惑が浮上した。

とはいえ、疑惑はそれ以上のものにはならなかった。それから12年後の978年、太宗は太祖が平定できなかった呉越を平定し、次いで979年に北漢を滅ぼして、中原を統一した。

勢いに乗った太宗は、かつては漢民族の土地であったが、そのときは「遼《りょう》」が領有していた燕雲《えんうん》十六州の奪回作戦にでた。

遼（907年〜1125年）という国は「五代十国」時代の初めに、モンゴル系契丹族の耶律阿保機《やりつあぼき》が北方部族を統一して万里の長城より以北に建てた国である。耶律阿保機は916年に皇帝太祖（宋の周辺国でも、漢民族と似た皇帝名を使っていた）を名乗り、当初の国号を「大契丹」とし、のちの

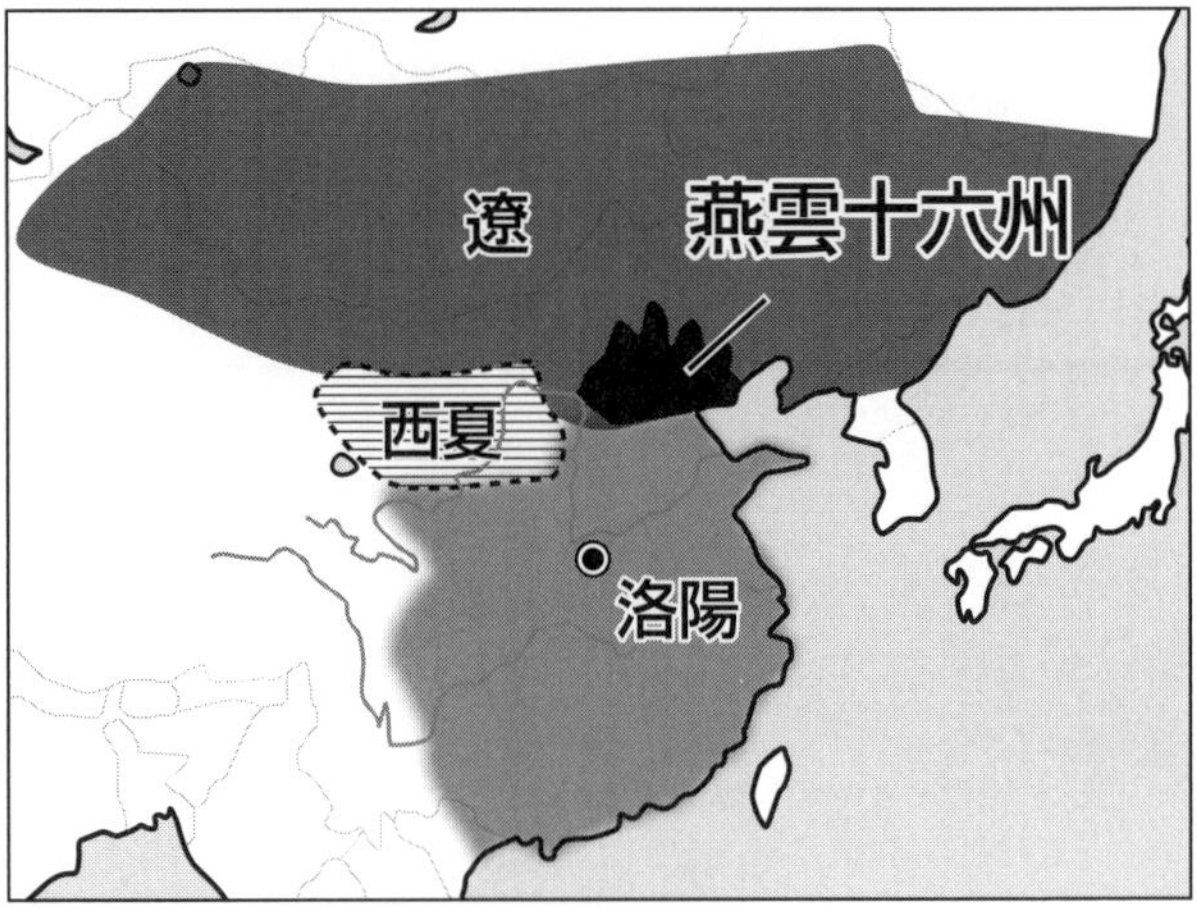

燕雲十六州の位置。唐の時代には漢民族の手中にあった領土である。

947年に「遼」とした。建国後は、蒙古諸部族や東トルキスタンを配下に治め、926年には東隣の渤海を滅ぼした。そして、2代太宗の時代に、後晋の建国を助ける代わりに遼に隣接する燕雲十六州を手に入れたのだ。

宋の太宗は、その燕雲十六州を取り戻そうとしたが、自軍の歩兵軍が遼軍の騎馬部隊に圧倒され、打ち破ることはできなかった。これによって、支配地域は大陸の中心部に限定された。

軍事力に自信のない宋王朝は遼を経済封鎖によって屈服させようとするが、3代真宗《しんそう》の時代に反対に遼の大軍に攻められ、遼の皇帝聖宗《せいそう》と「澶淵《せんえい》の盟」（1004年）という和議に応じざるを得なかった。その内容は、宋は遼に毎年絹20万匹と銀10万両を贈るというもので、その後120年間、遼が滅亡する直前まで続けられた。

真宗に続く4代仁宗《じんそう》の時代になっても、周辺異民族の侵攻は止むことはなかった。遼とともに宋を取り巻いた国の一つが西夏《せいか》である。

この西夏という国は、１０３８年に宋から独立し、宋の北西方面にあるチベット系タングート族の李元昊《りげんこう》が建てた国である。黄河の湾曲部のオルドス南部に定住していた。西夏は国力が充実し、吐蕃《とばん》（チベット）や回鶻《かいこう》（ウイグル）を傘下に収め宋の北西部から侵攻してきたのだ。

すでに遼との戦いで消耗していた宋軍は、攻め入る西夏に抵抗する余力もなく、１０４４年に遼と同様に「慶暦《けいれき》の和約」を結ぶこととなった。宋は西夏に毎年絹15万匹、銀７万両、茶３万斤を贈ることになる。

こうして、夷狄の遼や西夏に攻められた宋は、いずれも屈辱的な和議を結ぶことでどうにか凌いでいたが、国の台所事情は困窮を極めていた。

度重なる夷狄の侵攻に、太祖の軍縮によって減らされた軍人数19万人では全く歯が立たず、次の太宗の代には35万人に増やしたものの、それでも劣勢だったため、４代仁宗の時代には82万人に増員していた。さらに、軍隊の雑役や輸送担当も50万人に増やしていたから、軍事費は財政支出の80％にもなっていたという。この結果、国家財政は逼迫し、国民は重税に苦しめられた。

６代神宗《しんそう》の時代になると、神宗は遼や西夏に対抗するため、王安石《おうあんせき》を宰相に登用することによって積極的な「富国強兵政策」に切り替えた。

王安石という人物は日本でもその名が良く知られていることだろう。１０４２年、22歳の時に科挙の進士となり、地方官の地位に就いた。そのときに記した政治改革を訴える上奏文が注目されたことで、皇帝の側近に抜擢され神宗の政治顧問となった人物である。

王安石は、行政・財政・金融・教育など社会全般についての改革案である「新法」を掲げて国内改革に努め、かなりの成果を挙げた。これによって、宋は対外的積極策に転じ、西夏から南疆《なんきょう》を奪い、さらにその南部に侵入し、西域への交通路も確保した。

しかし、宋王朝の財政状態がまた悪くなったときに皇帝に即位した8代徽宗《きそう》は、書や絵などの美術分野に優れた人物だったが、そちらにばかり関心を示し、政治を全く顧みることがなかった。

そんな事情もあって一向に進んでいなかった燕雲十六州の奪還だが、宰相である蔡京《さいけい》は、どうにか奪還する策を練っていた。

そのまま時は流れ、遼王朝8代皇帝に道宗が即位する頃に、遼は内部より崩壊し始めた。遼の内部で勢力を拡大してきた女真族《じょしんぞく》の完顔部《わんやんぶ》の阿骨打《あこつだ》が遼から独立して、1115年に満州に「金」という国を建てたのだった。

これを好機とみた蔡京は、1120年、この「金」と遼を挟撃するための「海上の盟」を結び、遼の支配下にあった燕雲十六州を奪還しようと試みた。

1122年、北方から攻めてきた金軍の猛攻撃の前に、遼の天祚帝《てんそてい》は長春に逃亡する。代わって、遼の将軍耶律大石《やりつたいせき》は耶律淳《やりつじゅん》を皇帝に擁立し、燕雲十六州の燕京《えんけい》(現・北京)に亡命政権である「北遼」を建て、金に対抗した。

今度は宋が北遼攻撃を開始したが、北遼軍の総攻撃の前に宋軍は壊滅的被害を受けた。自軍では燕京攻略は不可能と判断した宋軍は、金軍の阿骨打に攻撃を依頼した。金から攻められた亡命政権は、長春から西方の雲中（現・大同市）の陰山《いんざん》に移動していた天祚帝のもとに逃れた。

金軍はそこからさらに追い込み、1125年、太祖の弟完顔晟《せい》が遼の天祚帝をとらえ、宋軍に明け渡した。ここに、遼は滅びた。

ところが、遼打倒の代償を求めた金は、財政逼迫で約束を履行できない宋を攻めて、1126（靖《せい》康《こう》元）年に都・汴京《べんけい》（現・開封）を陥落させ、宋を滅ぼし、淮水《わいすい》以北を奪って満州と華北を領土とした。これが靖康元年に起こった、「靖康の変」である。

金軍は宋の王族を多数捕えて帰国した。9代皇帝欽宗《きんそう》とその弟、そして太上皇・徽宗《きそう》と多くの皇族・皇女達のべ3000余名が北方に拉致され、皇女達は全員が金人の妾にされるか、洗衣院《せんいいん》と呼ばれる売春宿に送られ、韋《い》皇后《こうごう》1名を除くといずれも死ぬまで帰還することはできなかった。

しかし、たまたま脱走に成功した欽宗の弟である康王《こうおう》は、江南に落ち延びて、南京応天府（現・河南省商丘市）にて1127年に皇位に就き、高宗と名乗って再び宋王朝を復活させた。

歴史上、これ以前を「北宋」と呼び、これ以降を「南宋」と呼んでいる。

南宋が建国されたと知った金は、逃げ回る高宗を追い求め南宋軍を追撃したが、食糧が尽き果てたために諦めた。高宗は1138年にようやく、臨安（現・杭州）に都をおくことができた。

その後、金は南宋と戦闘したり休戦したりしていたが、金の国内に和平論が台頭してきたのを契機に、捕虜となっていた宋軍の秦檜《しんかい》を南宋に帰国させた。

和平を望む高宗の信任を得て南宋の宰相となった秦檜は、金に対して徹底抗戦を叫ぶ将軍の岳飛《がくひ》と鋭く対立した。そこで、1141年、秦檜は偽の詔勅をつくって岳飛を臨安に呼び戻し、岳飛を投獄し毒殺してしまったのである。

翌年、南宋は1142年に金と「紹興《しょうこう》の和議」を結んだが、それは以前の屈辱的な関係を変えるものではなかった。この和議では、金と南宋の境界線は淮水と大散関《だいさんかん》（陝西）を結ぶ線とされ、南宋は淮水以北の旧領（かつての首都開封を含む）を放棄させられたのであった。

さらに、南宋は金に毎年絹25万匹、銀25万両を贈らなければならなくなった。つまり、南宋が金に朝貢するという立場になってしまったのである。

●南宋はモンゴル軍に無血開城

南宋との和議が結ばれた後、金国内では和平派が政権を奪取したことで、1165年に南宋の2代孝宗と2回目の和議を結び、南宋が金へ贈る貢物の額も少しではあるが減らされた。南宋と金の関係が比較的穏やかなものとなり、南宋は江南の開発を大いに進め、海を介した外国との交易活動が活発になったことで国家財政が再建された。

しかし、それもつかの間、南宋政権内部の派閥争いが激しくなり、民に対しては重税を課すなどの専制を振るうようになって、国内の不安は増していった。

それに加えて、金との3回目となる和議によって貢物の額が増え、南宋の金への立場は2回目よりさらに屈辱的なものとなってしまう。

南宋も4代寧宗《ねいそう》以降、理宗《りそう》、度宗《たくそう》、そして、度宗の子の恭宗、端宗《たんそう》、衛王《えいおう》と続くが、その間、北方に新たな勢力が生まれていた。

モンゴル人のチンギス・ハーン（1162年〜1227年、成吉思汗）がモンゴル高原を統一し、「西夏」を1227年に、「金」を1234年に滅ぼし、力をつけていたのである。

南宋はその大きな力を蓄えたモンゴル軍の前に抵抗もできずに、1276年に都・臨安は無血開城し、幼帝の衛王は1279年に逃亡先の崖山《がいざん》付近の海で溺死した。300年にわたった宋王朝は、強大な力の前に為すすべなく、ここに滅んだのである。

周辺諸国に攻め立てられ続けた宋王朝だが、国内でとられた様々な政策は租税を納入する人民の数を増加させた。

1021年（北宋4代皇帝の時代）には1993万人だった人口が、1080年には3330万人に増大した。1102年には4382万人というこれまでに見なかった数に膨れ上がった。

しかしそれ以降は、絶え間なく行われた遼や金との戦争、さらに重税に反対する反乱やそれに伴う飢饉によって国家は深い傷を負い、1160年に施行された人口調査ではわずかに1923万人を示すに過ぎなかった。さらにモンゴル軍の侵入があった1264年の人口はさらに減って1302万人であったという。162年の間に、3080万人もの人命が失われたのだった。

●靖康の変と靖国神社

この項のはじめにも記したように、宋王朝は、歴代の漢民族王朝の中でももっとも惨めでみっともない姿を夷狄に晒した時代であった。漢民族である皇帝・皇族王族らが夷狄である金に拉致され、自らの領地であった華北も占領された「靖康の変」は、中国人にとって、ひたすら屈辱だった。

南宋初代皇帝の高宗は「靖康の変」以降、金軍の南下を恐れて、どちらかというと和平を推進した。だから、金の和平派将軍の取計らいで秦檜が解放され戻ってきたことを非常に喜んで、宰相に起用し、金との和平交渉にあたらせていた。

しかし、1142年に秦檜が金との間で結んだ「紹興《しょうこう》の和議」では、前述の通りであるが、屈辱的な関係を変えることはできなかったのだ。それまで宋が支配していた領土の北半分は金に占領されたままで、遼の支配下にあった燕雲十六州も取り戻すことはできなかった。さらに、南宋が金に朝貢するという立場になってしまった。

この屈辱的和議に加えて南宋の主戦派を怒らせたことは、金が高宗の父・徽宗《きそう》を遺体で返還し、欽宗にいたっては返還されなかったことである。

こんな態度をとられても、秦檜は高宗の信任があるのを良いことに、主戦派を激しく弾圧した。だが、高宗は、秦檜が1155年に66歳で亡くなると、一転して主戦派の立場になって秦檜を「夷狄と屈辱的和議を結んだ売国奴」と罪人扱いにしたのである。さらに、4代寧宗の代になると、主戦論を主張したことで秦檜に殺された岳飛を「岳飛廟」まで建立し英雄扱いしたのだった。

現在の中国では、秦檜夫妻は「極め付きの裏切り者」として憎悪の対象とされている。杭州の岳飛廟の前には、鎖で繋がれた秦檜夫妻の像があり、人々はかつてこの像に石を投げつけ、唾を吐きかけていたという。自国民の誇りを傷つけられたら、死者だろうと許さないということである。

杭州市にある岳飛廟の前に鎮座する秦檜夫婦の像。後ろに「请勿吐痰（唾を吐かないでください）」という看板がある。（© 油條 and licensed for reuse under Creative Commons Licence）

こうして、皇帝は夷狄と屈辱的和議を結んだ秦檜に対する「憎悪」を煽ることによって国民に団結を求めたのだ。それほど、高宗をはじめ南宋王朝にとっては、「靖康の変」と「金との和議」は中国史上類例を見ない屈辱的出来事だったのである。

時代は下って、20世紀の文化大革命の時にも、最近の日本との尖閣諸島問題についても、何かひとつ「憎悪の対象」を生み出しその憎悪を煽ることで国を団結させるのは、中国の常套手段なのである。その背景には、中国で4000年間も続いた戦争と殺戮により、憎しみ合う心がDNAにしっかり組み込まれていることがうかがえる。

司馬遷の『史記』に「死屍に鞭打つ」という言

葉があるように、漢民族は自民族の誇りを傷つけられたら、永久に忘れることはなく、憎悪を消すこともない。「許す」ことはありえないことで、歴史を学ぶ度に憎悪を甦らせているのだ。

こうした思想は、死者を許す日本人には理解が難しいだろう。この両者の違いには、中国の儒教の影響が大いに関係しているようだ。

人間は死後、肉体は腐敗して骸骨となるだけであるが、中国の儒教においては、精神の主宰者である「魂《こん》」と肉体の主宰者である「魄《はく》」に分かれると信じられている。当時の人々は、残してあった頭蓋骨を取り出し、生きた人間（祖父には孫である場合が多い）の頭に頭蓋骨をかぶせ死者になぞらえ、そこに「魂・魄」をよりつかせ、死者を招く招魂儀式を行っていた。

現在の中国人でも、中空をさまよう「魂・魄」が再び合体すればよみがえりがあると信じる人はいる。したがって、「魂」を呼び寄せる行為は、死者をよみがえらせたいという意思のあらわれだと受け止められる。

日本の首相が靖国神社に参拝することは、まさに「魂」を呼び寄せる行為なのだ。参拝によって先の大戦の戦犯たちの霊が招魂され、それがよみがえったら日本の軍国主義の復活につながると信じ込んでいる。だから、激しく抗議するのだ。

日本は、このような中国の抗議に対して、「過剰反応し過ぎだ」とか、「政治的戦術だろう」と見ている。

ここに横たわる問題がもう一つある。中国の過剰反応の裏には、東夷の日本に侵略されたという恨みもあるが、「靖国神社」の「靖」が、中国史上最大の屈辱を受けた「靖康の変」を連想させているのだ。つまり、日本の首相始め政府首脳が靖国神社に参拝することは、中国人のトラウマを大いに刺激しているということである。

宋王朝時代のこの屈辱的な「靖康の変」を知っている日本人は、それほど多くないだろう。また、これから登場する元王朝も清王朝も、漢民族が異民族によって征服された王朝であり漢民族の正統王朝ではない、ということを知っている日本人はどのくらいいるだろうか？

だから、我々日本人も、中国の歴史を学ぶことが必要だろう。学ぶことで中国人のトラウマを理解することができれば、中国に無用な刺激を与えることはなくなるのではないか。それこそ日中友好に役立つと私は確信している。恨み続けることは国家にとっても、一個人にとっても、決して将来を明るくするものではないのだ。

●朱子学と日本に与えた影響

朱子学は鎌倉時代末期に日本に持ち込まれ、日本人の考えに大いに影響を与えた。もともとは日宋貿易のときに禅宗の僧侶によって持ち込まれていたのだが、鎌倉末期の京都にいた師錬《しれん》という禅僧の門人・玄慧《げんえ》が、時の後醍醐天皇に重用されていたことが、日本で朱子学が広まったきっかけである。

後醍醐天皇のはからいで天皇や側近の公卿たちに古典を講じていた玄慧は、そこで「朱子学」も同時に教えていた。講義では「日本における鎌倉幕府は、朱子学でいえば夷に当たる。正統政権ではない」といって朱子の大義名分論を講義していた。

それを知った後醍醐天皇やその側近たちは「宋の皇帝のごとく、日本の天皇も絶対的独裁者であるべき」との考えに達したのである。そこから、鎌倉幕府を破り、「建武の新政」（１３３３年）を起こしたのだ。後醍醐天皇政権は2年で崩壊したが、朱子学は、討幕の思いを奮い立たせた一大思想であった。

江戸時代に入ると、武士はかつての戦乱の世のように武力を求めるのではなく、礼儀や秩序を学問から学ぶべきという考えのもとで、朱子学が重用されたのだった。

日本に大きな影響を与えた朱子学は、朱熹《しゅき》という学者によって生み出されたものである。

朱熹は「靖康の変」の3年後に南宋に生まれ、19歳で科挙に合格して官僚の世界に入ったが、学問に専念するため4年間勤めた行政官を辞した。

やがて、宋学の学者として名が知れ渡るようになった。「朱子《しゅし》」の誕生である。

朱子は、南宋の4代皇帝寧宗《ねいそう》の侍講《じこう》（君主に学問を進講する学者）となったが、そのときすでに64歳で、さらに政争に巻き込まれてわずか40日余りで失脚した。以降70歳まで、道教の寺院の管理官である奉祠《ほうし》の官にとどまった。朱子の生み出した「朱子学」が日の目を見るのは、それから１００年を待たねばならなかった。

朱子が「朱子学」を生み出した経緯だが、そもそも朱子が学んでいたのは「宋学」である。宋学とは、儒教哲学の総称であり、「字句の解釈にとらわれず、経典を自由に解釈して儒学の精神と本質を明らかにしよう」という考えから生まれたものである。唐代までの儒学は経典の字句の解釈を中心とする訓詁学《くんこ》（文字の意味を研究する学問）ばかりが中心であったことから、批判が多かったのだ。なお、儒学というのは、儒家思想や儒教を研究する学問全体を指し、宋学も儒学のひとつの流派と考えられる。

宋学は北宋の周敦頤《しゅうとんい》に始まった。周は「太極図説《たいきょくずせつ》」を著し、「太極」と名づける宇宙の根源から万物・人間・聖人が生じるとし、人は学んで聖人に成りうると説いた。

彼の説は弟子によってさらに発展し、これらの学説を発展させてまとめ上げたのが朱子であった。朱子の理論は、宇宙は「理」と「気」からなるという「理気二元論」だ。「理」は人・物の性（本性・本質）であり、「気」は物質・存在を意味する。これを人間の道徳に応用し、「心の本体である性は理であるから、気（欲望）をすてて、理に従って生きること」を理想とする、倫理説を唱えた。

その学問方法として、「格物致知」（物の理を極め、知を尽す）を唱え、「五経」（易経・詩経・書経・礼記・春秋）よりも「四書」（大学、中庸、論語、孟子）を重んじた。

その目的は、物を観察することによって、知識を極められるという解釈を与えることであった。

漢民族は古くから、中華思想をもち、自らを「中華」と誇り、周辺異民族を蛮戎夷狄と呼び軽蔑してきた。しかし、南宋は華北を金に占領され、金に対して臣下の礼をとらざるを得なかった。

南宋の出身である朱子は、中国の正統政権は金ではなく、南宋であるという主張を持っていた。だからこそ、南宋王朝の弱腰外交を非難したのである。そして、自信を失いかけている漢民族に叱咤激励したのであった。

朱子は、『朱子語類』巻四（人物之性気質之性）の中で、「猿となると、形状が人間に似ているので、獣の中では最も利巧で、言葉が喋れないだけだ。夷狄となると、人間と禽獣の中間にある。それで結局、気質を変えることが難しいのだ」と理論づけしている。

つまり、遼や金やモンゴルなどの夷狄は「理」を持っているが、素質となる「気」の働きが劣っていて、人間と物質との間にある存在であり、中華の民にはなれないと言っているのだ。

朱子は、朱子学で漢民族だけが人間の頂点に立てる存在であると説いた。朱子は華夷の区別を論じ、君臣・父子の道徳を絶対視して宋の君主独裁性を思想的に支えた。

その後、儒学の正統とされた朱子学は、李氏朝鮮では官学として、江戸幕府では統治理念として採用され、朝鮮や日本の思想に大きな影響を与えた。日本では、大義名分を重んじる最も保守的な儒教右派と理解されているが、実は、中華思想を絶対視したもので、儒教道徳を科学理論化したものだったのである。

13 空前の大帝国・征服王朝の元王朝

この元王朝時代は日本では鎌倉時代から室町時代初期ごろまでに相当するが、鎌倉時代にあった「蒙古襲来」のことは、日本人には「元寇」や「文永の役」「弘安の役」としてよく知られている。

日本に対する蒙古・高麗軍の2度の襲来は大きな被害を出したことから、一部地域では「蒙古・高句麗の鬼が来る」という言葉が「怖ろしいものがやってくること」のたとえとして末長く言い伝えられるほどである。

このときの様子が、日本の南北朝時代に書かれた『神皇正統記《じんのうしょうとうき》』に次のように記されている。

「辛巳の年（弘安4年なり。）蒙古の軍多く船をそろえて、我国を侵す。筑紫にて大に合戦あり。神明威をあらわし、形を現じふせがれけり。大風にわかにおこりて数十万艘の賊船みな漂倒破滅しぬ。末世といえども、神明の威徳不可思儀なり」

いわゆる「神風」のことだ。日本が無事であったのは、天皇や公家たちが神に一生懸命祈ったから神風が起きて撃退できたと言っている。そのような史実はなかったという説が近頃は有力だが、日本は元軍襲来の災難を最小限にとどめることができたのだった。

日本侵攻の前に、モンゴル帝国の5代皇帝フビライは、中国北部を占領していた金を制圧し、南宋も滅ぼしていた。

そのフビライは支配下に置いた中国大陸で、人民を皆殺しにして大陸全土を草原化し、家畜を放牧しようと考えていたという話が残っている。もしその考えが実現していたら、漢民族は完全に消滅していたことだろう。どうにかそのような事態は避けられたものの、元王朝の下では漢民族は、階級的にも、人種的にも徹底的に虐げられたのである。

●モンゴル帝国、南宋攻略

モンゴル帝国は、中国北部に侵攻したあと、元朝を誕生させた。モンゴル帝国の始祖は、チンギス・ハーンである。日本でもその名を知らない人はほとんどいないだろう。

チンギスは中国北部、中央アジア、イラン、東ヨーロッパを次々に征服し、全モンゴルの部族を統一した。そうして遊牧民族の君主の称号である「ハーン」を得て、「チンギス・ハーン」として1206年に即位した。なお、ハーンは「皇帝」を、ハンは皇帝より格下の「王」を意味する。

元々、12世紀に入るまで中国の北方にいた遊牧民族はいくつかの部族に分かれており、相互に協力しながら生活することもあれば、対立を起こすこともあった。そんなモンゴル草原に、テムジンという一人の英雄が現れ、あまたのモンゴル族を統一したことが強大なモンゴル帝国のはじまりだった。

その後、チンギス・ハーンのモンゴル帝国建国により、1200年代の約100年間に、東は朝鮮半島から西は地中海という広大な領地を手にしたのである。

チンギスはまずトルコ（セルジューク朝）より独立したホラムズ王朝を征伐し、その征西から戻ると西北モンゴルのジュンガリア地方に、わが子の名をとった「オゴタイ・ハン国」を建国する。1227年には西夏を滅ぼし、中央アジアのイル・ミル川流域に同じく子の名前をとった「チャガタイ・ハン国」を建国した。

続けて金に侵攻しようとしたチンギスだったが、その途中であえなく病死し、その遺志は三男のオゴタイ・ハーンに受け継がれた。オゴタイは1234年に金を滅ぼし、獲得した金の領土を一族と功臣に分け与え、外モンゴルに首都・カラコルムをつくった。

その後、オゴタイは甥のバトゥを総師とした一大遠征軍をヨーロッパ方面に派遣した。バトゥ軍は、当時のロシア、ポーランド、ハンガリー、神聖ローマ帝国を次々に征服し、怒涛の勢いで西へ西へと進んでいった。ところが南ドイツまで迫ったところでオゴタイ急死の報に接し、そこで引き返すことになる。引き返す途中に、南ロシアのヴォルガ河畔で「キプチャク・ハン国」を建国した。

オゴタイの死後はその長男のグユクが3代目に即位するも、病弱だったためわずか2年で亡くなり、4代目にはチンギスの孫にあたるモンケが、バトゥの支持を受けて即位した。3代目のときには、モンゴル帝国内に混乱が生じていたが、モンケの即位によりその混乱も消え、再び東西方面への大遠征に動き始めた。

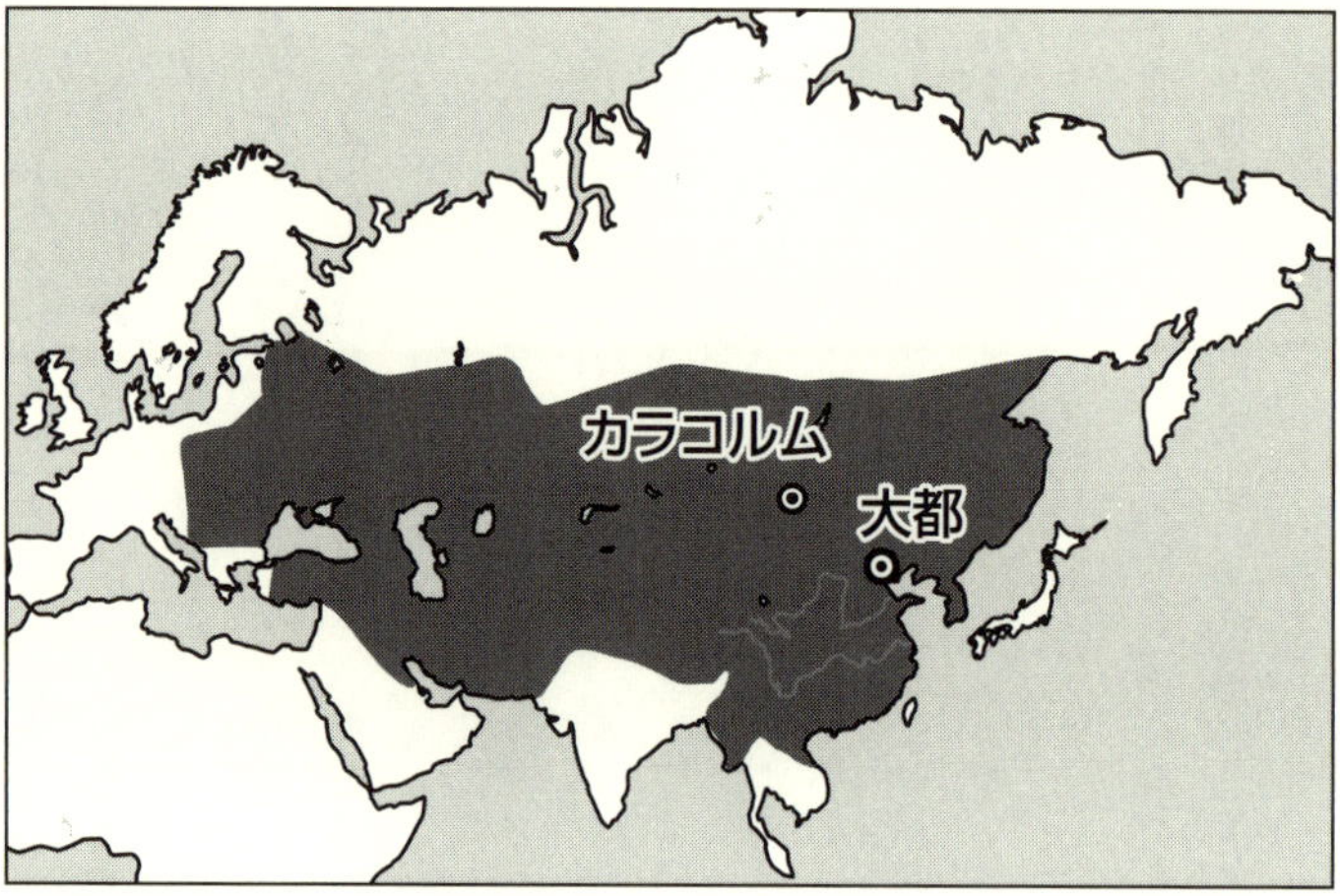

13世紀末頃の、モンゴル帝国の最大領土。ユーラシア大陸を横断したその広大な領土は、地球上の陸地面積の四分の一に相当するともいわれている。

4代モンケは、弟のフラグには西アジア侵攻作戦を、同じく弟のフビライには南宋侵攻の作戦を練らせた。命を受けたフラグは、早速アッバース朝に侵攻し、地中海、黒海、カスピ海、アラビア海に囲まれたイランの地に「イル・ハン国」を建国させた。モンケ自身も1258年には朝鮮半島の高麗を侵攻しており、長年にわたり独裁政権を確立していた崔氏政権がクーデターで崩壊したことで、高麗もモンゴル帝国の属国とすることに成功した。

南宋侵攻を任されていたフビライは長期戦に持ち込む作戦を考えていたのだが、短期決戦を考えていたモンケはフビライ案では納得せず、自ら南宋侵攻に打って出てしまう。結局モンケは道半ばに釣魚城（現・重慶）で病死してしまい、1260年に燕京（現・北京）で臨時に開かれたクリルタイ（国家会議）の結果、中国北部を占領した実績をもつフビライが5代ハーンに即位した。

フビライの即位を機に、フビライとそれまでに建国されていた4つのハン国は、今後のモンゴル帝国の統治方法について意見を出し合い、緩やかな連合国家となることで合意した。

これまでのモンゴル帝国は、モンゴル高原に君臨するモンゴル皇帝（大ハーン）を中心に、各地に分封されたチンギス・ハーンの子孫の王族たちが支配する4ハン国が集まって形成された連合国家という形をなしていた。

だが、フビライは自らモンゴル帝国より独立して、独自の政権運営をすることを提案したのだ。すると、ほぼ独立の方向で動いていた4ハン国もそれに同調し、モンゴル帝国より分離独立することになったのである。ただし、各ハン国の元首のことは引き続き「ハーン」と呼ぶようにして、「ハーン」は通行証を発行し、連合国家内における旅行の安全が保証されるようにした。こうして、「モンゴルの平和（パックス＝モンゴリア）」はしばらく続いた。

フビライは、オゴタイがつくったカラコルムにかわる新都として中国北部に大都《だいと》（現・北京）を建設した。中国支配に適した新国家体制づくりも着々と進め、1271年、ハーンの支配する国の国号を「大元大モンゴル国」に改めた。いわゆる「元王朝」の誕生である。

こうして、フビライ・ハーンは満を持して南宋への攻略を開始し、南宋の奥深くまで進軍していく。モンゴル軍は、南宋の漢民族に対して徹底的な虐殺と略奪行為を続けた。モンゴル軍が去った後には、廃墟となった街に無数の屍が山のごとく放置されていたという。殺し方には年齢も性別も関係なく、

モンゴル帝国第５代皇帝（ハーン）かつ元王朝初代皇帝のフビライ・ハーン（1215〜1294年）

矢を射った後、皮膚をはがされ、指先に釘などを打ち込んで殺すなど、極めて残忍であったと伝えられている。

１２７３年、５年にわたる包囲戦で襄陽《じょうよう》を陥落させると、さらに南下し揚子江中流の要塞である鄂州《がくしゅう》を占領し、揚子江を下って蕪湖《ぶこ》で南宋軍を破った。１２７６年には南宋の首都臨安（現・杭州）は無血開城となり、モンゴル軍は江南を支配下においた。南宋はモンゴル軍の前に抵抗もできなかった。南宋の幼帝の衛王は１２７９年に逃亡先の崖山《がいざん》付近の海で溺死した。こうして、モンゴル軍は勢いを落とすことなく、宋王朝を滅ぼし新たな王朝を樹立させたのだった。

●「大元大モンゴル国」元王朝

フビライは、モンゴル帝国より独立する形で「大元大モンゴル国」をつくり、独自の政権運営をすることにした。彼の立場は、４ハン国を除くモンゴル帝国のハーンであると同時に、「元王朝」の皇帝になった。

中国史における元王朝は、夷狄による征服王朝の中でも最大規模のものである。フビライは「皇帝」になると名を世祖《せいそ》とし、元王朝を発展させていった。フビライの在位時代の35年間は、国としては繁栄した時代であった。

しかし、モンゴル帝国内にも「ハーン」の地位を巡る争いは存在し、それは元王朝になっても絶えることなく、それまでの圧倒的な力はそれが原因で急速に弱体化した。

1294年に病を抱えた世祖（フビライ）が80歳でこの世を去ると、後継にはフビライの孫成宗《せいそう》（テムル）が2代目として即位した。しかし、その成宗が皇子を残さずに死んだことから、後継者争いが激しくなった。

まず、世祖、成宗の時代に外戚として権勢を振るっていた皇后が後継者にと推す者があったが、宮廷の重臣たちはそれを傍系の即位だと嫌がり、その皇帝候補を殺害した。結局、成宗の甥である武宗（カイシャン）が3代皇帝に就いたのだが、この皇帝は贅沢な生活ばかりを好み政務どころではなかったため、3年でその座から降ろされた。

武宗の弟が4代仁宗（アユルバルワダ）として即位するとすぐに、政治の実権を皇太后と重臣に握られてしまった。ただし、仁宗は文化的政策では儒学の素養がある知識人を集め、科挙を復活させた。

その仁宗が亡くなると、再び政争が激しくなる。仁宗の後継者には長男の英宗（シデバラ）が5代目として即位したが、権力をもった臣下に暗殺されてしまったのを皮切りに、それ以降、最後の皇帝順帝（トゴン・テムル）が即位するまでの10年間に計7人の皇帝が次々に入れ替わるという異常事態になってしまった。１人の皇帝の平均在位期間は、わずかに1年余りである。

順帝の時代は5年間という比較的長い在位期間であったが、親衛軍の司令官であるバヤンが皇帝を上回る権力を握り、宮廷は軍によって牛耳られてしまった。その上、バヤンの親族も権力争いに加わったことで軍閥の派閥抗争が激しくなり、宮廷もそれに翻弄された。

この中央政府の権力争いで、汚職、収賄、横領などが蔓延し政治も混乱した。そうなると狙ったように発生する干ばつと大凶作で民が飢餓状態になり、伝染病も流行し、多くの農民が苦しんでいた。

●紅巾の乱と元軍の逃亡

国内情勢の混乱と、１３５１年に大氾濫した黄河の修復工事のために民衆が大量に動員されたことから、彼らの不満が爆発して各地で農民による暴動が起きた。

これを機に、元打倒のスローガンを掲げて立ち上がった白蓮教《びゃくれんきょう》という宗教結社は、政治に不満を抱く農民や民衆を取り込みながら、各地で「紅巾《こうきん》の乱」といわれる反乱を起こした。彼らは首に赤（紅）色の頭巾を巻いて、モンゴル人がつくった王朝を倒し、漢民族による王朝を再建するのだと闘い始めた。

この乱を討伐しようと出陣した元軍の宰相トクトは、順帝（トゴン・テムル）が起こしたクーデターで殺害され、結果的に元の軍事力は衰えていった。

やがて、紅巾軍の中で頭角を現した朱元璋《しゅげんしょう》が他の反乱者を倒して華南を統一し、１３６８年に南京で皇帝に即位し「明」を建国した。のちの洪武帝《こうぶてい》である。

皇帝に即位した朱元璋が元の都・大都に迫ると、そこにいたモンゴル人は、このまま中国には留まれないと早々に見切りをつけて退散し始めた。

1368年には、順帝（トゴン・テムル）も大都を棄てて北のモンゴル高原に逃げた。とはいえ、帝位を廃されたのではなく、モンゴル皇帝政権は引き続きモンゴル高原で存続した。

一時は世界の覇権を握ったモンゴル帝国も、盛者必衰のごとく表舞台から去っていった。

元時代の人口だが、1264年には1302万人だったのが、元王朝となってから20年後の1290年には5883万人にまで増えた。

しかしその増加の理由は、単に元王朝の統治領域が増えたためである。それまでの王朝では統治しきれなかった雲南・四川・甘粛・湖北・湖南及び遼東の諸地方の人民を支配下に置けるようになったため、租税を納入すべき民として組み込まれたのだ。

この数字の外には、元軍の残忍さから逃亡した人民も多く存在した。彼らは、身の安全を守るため、次から次へと土地を移動したり、舟に住んだり、また深い山奥に隠れたりして官憲の監視から逃れていた。だから、戸口簿に登録されない人民を合わせるとその数はさらに大きくなるだろう。

●「大元大モンゴル国」のモンゴル人至上主義

「大元大モンゴル国」は中国全土のみならず、朝鮮半島も含む東アジアの大陸部をほぼ全て支配したが、モンゴル人はその支配領域における総人口の1％前後しかいなかった。少数派であるモンゴル人が、97％以上いる漢民族をどのように統治するかという難しい問題がそこにあった。

そこで、フビライは、宋王朝の国号や年号などの国家機能についてはやむを得ず中国式を採用し、行政機構の一部も利用することにした。特に行政機構については、唐時代から継承されている「中書《ちゅうしょ》省《しょう》」（皇帝の詔勅の立案・起草にあたる最高重要官庁）を設置し、そこに民政・財政・軍事の全てを統括させた。そのトップは宰相と呼ばれた。

だが、文化に関してはその限りではなかった。西域遠征を通して、西方にも優れた文化があることを知っていたフビライは、漢文化を取り入れることはなく、民の漢化を避けるために公用語はモンゴル語にして、全ての組織のトップにはモンゴル人を就けるというモンゴル人至上主義を通した。

人種にも、モンゴル人を頂点にした差別階級が設けられた。その下にはモンゴル人への帰順の程度に応じて、2番目に色目人《しきもくじん》（トルコ人、アラビア人、ヨーロッパ人など）、3番目に漢人（金王朝支配下の人々）、4番目に南人（旧南宋支配下の人々）と、あわせて4つの階級に分けた。

2番目に色目人があるのは、色目人は西域との交易では必要不可欠な人種として優遇されたからである。そのような環境があったからこそ、『東方見聞録』を記したイタリアの商人マルコ・ポーロなどが元朝を訪れることができたのであろう。『東方見聞録』とは、マルコ・ポーロがアジア諸国で見聞したものが書かれた書物であり、日本のことを「黄金の国ジパング」と紹介したのもこの書物である。ただし、マルコ・ポーロは実際には日本には来ておらず、中国で聞いた噂を書いただけである。

一方、約6000万人と1番数の多い南人は、モンゴル人より「蛮子《まんず》」と呼ばれ徹底的に差別された。その大きな理由は、最後にモンゴル軍の支配下に入ったからである。もし仮に日本が元寇で敗れ元の支配下に入っていたとしたら、時系列を考えると、日本人は南人の下にランクされただろう。

元の時代は職業にも階級が設置され、「一官《いっかん》（上級役人）、二吏《にり》（下級役人）、三僧《さんそう》（僧侶）、四道《しどう》（道士）、五医《ごい》（医者）、六工《ろくこう》（職工）、七猟《しちりょ》（狩人）、八民《はちみん》（農民）、九儒《きゅうじゅ》（儒者）、十丐《じゅうかい》（乞食）」となっていた。

これによれば、儒者は10番目の乞食（丐）のひとつ上の階級となっている。元王朝は中国文化を否定していたため、その象徴ともいえる儒教の学者は無用の集団であり、乞食同然とみなされていた。儒者にとっては受難の時代であったことがおわかりいただけるだろう。

この時代、一般の中国人は徹底的に抑圧された。モンゴル人が中国人と喧嘩となり中国人を殴っても、中国人は殴り返してはいけないと法律でも決められていた。

とはいえ、実際の統治にあたる現場となるとそうはいかず、主に漢人（旧金人）を官僚に入れて事務処理をしてもらったが、それでも人手不足は解消できず、南人も入れざるを得なかった。結局は、権力の一端に入ることさえできれば、長年の官僚体験を持つ漢民族は官僚社会の上層部までたやすくのぼっていったのである。

これに、激しく反発を強めたのが、最後の皇帝順帝の宰相バヤンであった。バヤンは漢民族が武器などを持つことを禁じ、張・王・劉・李・趙など漢民族の代表的な姓をもつ漢人は皆殺しにしたいという願望を持っていたという。

漢文化を認めず中国化しなかったモンゴル人は、同じ周辺異民族でも、中国文化に心酔した契丹《きったん》族や女真《じょしん》族とは大いに異なる。一方、漢民族にしてみれば、モンゴル帝国という夷狄に支配されたうえに、蛮子などという蔑称で呼ばれ、そのときに抱いた憎悪には想像をはるかに超えるものがあるだろう。この時代もまた、宋王朝時代「靖康の変」に続いて、受難の時代だった。

●元軍襲来

元王朝の歴史を述べるならば、日本と最もかかわりのあるこの事件についても触れるべきだろう。20数年間を要して中国大陸を制圧した元軍は、今度はその牙を日本に向けてきた。一般的に「元寇」と呼ばれる大事件である。ちなみに、「元寇」という言葉は江戸時代に徳川光圀が編纂させた『大日本史』において初めて使われた言葉である。鎌倉時代当時の文献では「蒙古襲来」、元や高麗の文献には「東征」と表記されている。

さまざまな呼び方があるが、ここでは「元軍襲来」と表記することにしたい。

モンゴル帝国第5代ハーンのフビライが日本に目をつけたのは、フビライが南宋侵攻作戦を考えていた頃と同時期だった。

「日本は中国と古くから交易をしている」と高麗人より進言を受けて意を強くしていたフビライは、1266（文永3）年に、日本に国書を渡すために2人の国使を送った。日本の大宰府に、モンゴル帝国の国書と高麗の副書を携えた高麗の使者が到着したのは、それから約2年後の1268（文永5）

年正月のことであった。

その使者が持ってきた国書『蒙古國牒状』の写しは、現在、南都東大寺尊勝院に所蔵されている。その意訳文は次の通りである。

天のいつくしみをうける大蒙古国の皇帝が書を日本国王に奉る。朕が思うのに、昔から小国の君主で国境を接しているものは、音信を交わし合い仲良くするよう努めている。ましてや我が祖宗は、天の明命を受けて天下を領有している。その威をおそれ徳を慕ってくる遠い異国の者たちは、数え切れないほどある。（中略）高麗の君主は感激して来朝した。義は君と臣の関係であるが、父子のように仲がよい。高麗は朕の東の属国である。日本は高麗に近接し、日本の開国以来、また時には中国とも交通をしているが、朕が即位してからはまだ一度も使いをもって和交に通じることをしていない。故に、特に使いを遣し、書をもって朕の志を布告させる。願わくば今よりは問うて好を結び、以って親睦したい。且、聖人は四海をもって家とする。互いに通好しないことにどうして一家の理があろうか。兵を用いるを、いったい誰が好もうか。

１２６６年・元３年８月

一見すると、日本と国交を結びたいと求めるような文書である。しかし、時の執権・北条時宗《ときむね》は一切返書をすることなく、高麗の使者を追い返し、何度目かの時には使者を切り捨てた。

その理由は、「最初から日本を格下としている無礼な書であること」がまず第一にあり、さらに、「高麗は侵略して征服した」ととれる文があること、そして「結びの言葉に兵を用いることに触れていること」が挙げられる。これは友好の書どころか、武力をちらつかせた威嚇の書であるという判断を下したのだ。

こうした日本側の態度にフビライは怒ったのではないかと思うところだが、フビライは使節団の帰国を待たずに、「ただ、南宋と日本を討ちたい」として高麗に戦艦1000隻の造船を命じていた。初めから、日本の答えなど待つつもりはなかったのだろう。

そして1274（文永11）年10月3日、高麗の合浦《がっぽ》（現・馬山）より、約900隻の大小艦船にモンゴル兵と高麗兵を2万5000人、水夫らを含めると4万人を乗せて出港し、日本侵攻を命令した。5日には対馬に、14日には壱岐に上陸し、島を制圧した。鷹島《たかしま》とその周辺沿岸を襲い、20日には博多湾沿岸に分散上陸し始めた。

しかし、日本側もこの襲来にただおののくのではなく、事前に備えをしていた。その頃、南宋から日本に逃れてきていた蘭渓道隆《らんけいどうりゅう》をはじめとする禅僧から元軍の情報を得ていたのである。

そこで沿岸に築かれたのが、石塁だった。はじめは元軍の優勢だったが、石塁に侵入を阻まれたことと日本軍の前に期待していたほどの戦果を上げられなかったこと、それと夜襲を恐れたからか、元軍は船上に避難した。

夜が明けると、昨日まで湾内を埋め尽くしていた船が、一隻も見当たらなかった。

『蒙古襲来絵詞』に描かれる石塁。その前を通って出陣するのが、竹崎季長《すえなが》（中央、馬上）の一行。（『蒙古襲来絵詞』後巻、絵十二〈弘安の役〉より）

「大暴風雨がやってきて、多くの船が沈み多くの兵が死んだ」という説が一般的である。しかし、「まずはおどしのためにやってきたのであり、夜になったので船に戻りそのまま帰った」という説も存在する。弘安の役まで何度も使者を送ってきていたことが、その裏づけとなるようだ。

『高麗史』の記録では、「10月日本を攻めるも、軍の還らざる者は1万3500余人」と文永の役を評している。

1281（弘安4）年の正月、日本は元軍による二度目の侵攻は避けられないことを知り、対応に悩んだ。北条時宗が帰依していた蘭渓道隆がすでに亡くなっていたため、新たな師として宋国の渡来僧・無学祖元《むがくそげん》が迎えられた。元軍の再来を予知していた無学祖元は、時宗に「莫煩悩《ばくぼんのう》」（煩い悩む莫《な》かれ）という書を与え、「蒙古の襲来は、大風が掃討してくれるので心配ない」との言葉も加えたという。これで、時宗は精神的に大いに支えられたといわれている。

一方、フビライは、南宋を滅亡させたことで国内も安定したので、1281（弘安4）年、再び日本への侵攻開始を命令した。これが、弘安の役である。

今度は艦隊建造の基地を高麗と江南の2つに分けて、高麗からはモンゴル兵、漢兵、高麗兵からなる東路軍5万人を900隻の艦船に乗せて、江南からは漢民族将軍の范文虎《はんぶんこ》に指揮をさせ、旧南宋軍を主力とした江南軍10万人を3500隻の大小艦船に乗せて出航した。

東路軍は5月21日に対馬沖に到着し、対馬や壱岐や九州北部の島々を侵攻した。そのまま博多湾から攻めてきた東路軍をくいとめたのは、またしても石塁だった。2ヶ月のもの間、東路軍の本格的な上陸を防いだという。博多湾からの上陸を諦めた東路軍は、6月6日には石塁のない志賀島に上陸し始めた。ここが弘安の役の主戦場となった。

日本軍は前回の戦いで元軍の戦法を知っていたこともあって元軍にうまく立ち回り、その後も徹底した軍船への夜襲や焼き討ちをおこなった。元軍は、船内に疫病が発生したこともあり壱岐島へ後退せざるを得なくなった。壱岐島の東路軍をなおも追い詰めた日本軍だったが、東路軍は味方の江南軍が平戸島に到着したとの知らせを受けると、壱岐島を放棄して平戸島に上陸し江南軍と合流した。

元軍は平戸島を平定後、主力部隊を鷹島へ移動させた。穏やかな鷹島海岸に元軍総兵力14万人、4400隻の大軍が押し寄せ、鷹島に数千名の兵を上陸させて日本軍の鷹島上陸に備えていた。

7月27日、鷹島沖に停泊した元軍艦船隊に対して日本軍の軍船が総攻撃をかけ海戦となった。日本軍は夜になると、小舟で敵船に乗り込んで火をつけるなどゲリラ攻撃を行い、それに押されていた元軍だったが、そもそも海戦に慣れていなかった元軍は圧倒的不利な戦場を自ら選んでしまっていた。

それから3日後の30日夜半、台風が襲来して海上は以降5日間大荒れとなり、元軍の多くが沈没したり損壊するなどして大損害を被った。

こうして、元軍の日本侵攻は失敗に終わり、2〜3万の兵士が日本側の捕虜となった。『元史』によると、日本軍はモンゴル人と高麗人と漢人の捕虜は殺害したが、交流のあった旧南宋人は命を助け、奴隷としたと記されている。

しかし、戦いはまだ終わっていなかった。残存部隊との戦いが残っており、その舞台となった島西南の中川激戦跡地は、現在では「元軍最後の決戦場」として伝えられている。鷹島歴史民俗資料館によれば、鷹島には「元軍の残存兵５０００人を陸上戦で全滅させた」との伝承が残っている。

元軍と日本軍では、装備に差があったようである。元軍の矢は短くて軽かった。それで日本兵の鎧を貫通させるにはあまりに威力がなく、致命傷を与えることができなかった。そこで日本兵は接近戦に持ち込み、日本刀の一振りで元兵の鎧兜ごと真っ二つに切り裂いたと伝えられている。元の兵士が身につけていたモンゴル型革鎧も、重量はわずかに7キログラムしかなかったようで、日本刀の前には裸同然だったようだ。

最後に、そもそもの疑問点といえるが、なぜフビライは南宋侵攻と同時に日本への侵攻作戦を練ったのだろうか。それは、モンゴル軍の侵攻で南宋の皇帝以下首脳陣が海を渡って、日本に逃げ込む可能性をつぶすためである。そのために、日本をモンゴル側に引き込もうという思惑があったのだろう。

14 漢民族王朝の復活と滅亡―明王朝

この明王朝時代は、日本では室町時代から安土桃山時代に相当する。

明王朝の初代皇帝洪武帝《こうぶてい》は、近隣海域に海賊が頻繁に現れるようになったこともあって徹底的に鎖国政策をとっていた。ただし、中国皇帝に服従し朝貢する国には門戸を開いていた。

日本も遣唐使以来途絶えていた中国の貿易を、室町幕府の足利義満将軍が１４０１年に再開した。明に正式に遣明使船を派遣し、朝貢貿易を始めている。これは、中国沿岸に出没した海賊集団の「倭寇」と貿易船を区別するために勘合符を使用していたことから、勘合貿易とも言われたものである。

元から解放されて漢民族の王朝として復活したのが、この明王朝である。ようやく夷狄の支配から逃れられると喜んだ漢人もいただろう。しかし、この時代は、大粛清をはじめとする恐怖政治が行われた、まさに暗黒時代だった。加えて、宦官と官僚の絶えることのない陰湿な謀略が渦巻き、血で血を洗う抗争に明け暮れていた時代でもあった。民はいつものごとく、虐待される犠牲者となった。

中国の君主独裁政治が確立されたのは、朱子学の影響を受けた宋の時代からとされているが、この明の時代になり一層強化されたのだ。メディアで伝えられる今日の中国の姿を見ていると、君主独裁政治が今まさに最高峰に達していることがよくわかる。元を辿れば、その政治手法は明王朝時代のそれに行き着くのだろう。

●280年にわたる長期政権の明王朝

中国の歴代王朝の変遷をみると、一つの流れがあることがわかる。末期になると、帝位争いに始まる宮廷内での宦官と官僚の権力争いが相次ぎ、その影響が地方政治にまで波及し、それに不満を抱く農民が反乱を起こして「易姓革命」を大義に新しい王朝が誕生する、というものだ。

新朝末期の「赤眉《せきび》の乱」後に後漢王朝が、後漢末期の「黄巾《こうきん》の乱」後に三国時代が、唐末期の「黄《こう》巣《そう》の乱」後に後梁王朝が、と歴史は繰り返されてきた。

そして、元末期の「紅巾《こうきん》の乱」後に誕生した明王朝（1368年～1644年）も同じ道を歩むことに変わりはないが、この王朝は280年にわたる長期政権となった。その背景には権力者が儒教を取り入れ強化したことが大いに影響している。

漢時代の武帝が儒教を国教にして専制政治に役立てたことは前述のとおりであるが、儒教には民を飼いならすのに都合のよい理念が包括されている。だから、権力者は統治のために儒教を最大限に活用するのである。

後に続く清王朝でも権力者は儒教を大いに取り入れた。

明王朝初代皇帝・洪武帝（1328〜1398年）。貧農に生まれ、早くに親兄弟を亡くすなど過酷な少年時代を過ごしたという。

「紅巾の乱」に乗じて天下を取った朱元璋《しゅげんしょう》は1368年に南京（金陵）で洪武帝《こうぶてい》として即位し、漢民族による明王朝を建国した。洪武帝は、まずモンゴル風俗の一掃に乗り出し、弁髪やモンゴルの服装と名前を禁じ、公約通り漢民族の文化を回復させた。

そして、戦乱で荒れ果てた国土を復興するために、農民に自由に農業生産を行わせることによって租税基盤を増加させる政策をたてた。そのために、モンゴル支配下で奴隷身分にされていた民を解放し、農民が減らないよう、農民を略奪して奴婢にすることは十罪悪の一つとして厳しく禁じた。さらに、農民には3年間租税を免除することで志気を大いに煽ったのだが、農民の無力化を図るために検地と刀狩りをすることも忘れなかった。

農民統治のための極めつけの政策が、儒教だった。農村にも儒教に基づく家族道徳を広く行き渡らせるために「六諭《りくゆ》」を村の隅々まで配った。六諭は、「父母に孝順なれ」「長上を尊敬せよ」「郷里に和睦せよ」「子孫を教訓せよ」「各々生理（生業）に安んぜよ」「非為（非行）をなすなかれ」の6つからなる。この六諭は日本の教育勅語にも影響を与えたといわれる。

しかし、洪武帝は農民に対するこうした温情政策とは裏腹に、朝廷内では始皇帝もどきの暴虐政治を再現し「流血の歴史」を繰り返した。些細な理由で官僚を処罰することが多く、彼1代の間に殺された官僚は10万人を下らなかったとされている。

洪武帝が71歳で亡くなると、洪武帝の孫にあたる允炆《いんぶん》が16歳で帝位を継ぎ、2代建文帝《けんぶんてい》となった。建文帝は体制を確固たるものにするため、皇族の力を弱体化させるべく大々的に削藩政策を実行した。ところが、北の要塞地・燕に配置されていた、洪武帝の四男の燕王はこの削藩に反発した。1399年に挙兵して3年後に一気に南京を落とし、帝位を簒奪した。燕王は元朝の旧都北平《ほくへい》（現・北京）へ遷都して3代永楽帝となった。

永楽帝は、建文帝の存在を抹殺しようと、その側近や一族、使用人に至るまでことごとく処刑した。その数は1万人にもなるという。

永楽帝にとって、北方にいるモンゴル勢力を滅ぼすことは急務の問題であった。1409年に10万の兵でモンゴルを攻めるも、返り討ちにあい全軍が壊滅状態となった。その後も5回にわたって遠征したが、永楽帝は最後の遠征のときに病没した。すると宦官が政治の実権を握り始め、国政に関与し政治的混乱をひきおこす。それが原因で、皇帝が次から次へと代わる混沌とした状況が起こった。

6代正統帝の治世には、北方に出現したモンゴル系遊牧民族オイラート族から攻撃を受けた。対応を考えた正統帝は、宦官の王振《おうしん》の進言を受け入れ、オイラートに侵攻していった。しかし、今回も大惨敗し、自分も捕虜となってしまった（土木の変）。

オイラート族との和議成立後に正統帝は明に送還されたが、すでに正統帝の代わりに弟が皇帝となり、7代景泰帝《けいたいてい》として即位していた。

すると今度は、正統帝が景泰帝の病中に宦官の内通によって復位に成功し、8代天順帝として即位した。復位の立役者の宦官は重用され、宦官はますます権勢を振るうようになった。

これ以降の、9代成化帝、10代弘治帝、11代正徳帝と12代嘉靖帝は、いずれも側室や宦官や女性の色香に惑わされ、着実に悪化する国内情勢から目を背けるかのように、チベット仏教や道教などの宗教に熱中した。その間にも、モンゴルの侵攻や倭寇の被害がやまず、明滅亡への序曲が聞こえ始めていた。

滅亡への決定打となったのが、14代万暦帝《ばんれきてい》だった。万暦帝は、即位した当時わずかに10歳と若い皇帝だったため、最初の10年間は名宰相・張居正《ちょうきょせい》が政務を執行した。張居正は官僚の統制を強化しながら、無用な公共事業の廃止、宮廷費用や軍事費も削減するなど行政改革を行うことで、財政再建に成功した。

しかし、張居正が亡くなると、再びもとの放漫財政にもどってしまった。万暦帝は自分の亡くなった後のことを考えて、6年の歳月と800万両の資金を費やして地下宮殿を造ったのである。今までの財政再建による蓄えが一挙に消えてしまうほどであった。

さらに、ただでさえ厳しい財政を逼迫したのが「万暦の三大征」である。1591年〜1600年の「南部貴州省での苗《ミャオ》族の反乱」、1592年の「西北部の寧夏《ねいか》地方で起こったモンゴル人の反乱鎮圧」、そして16世紀末の「豊臣秀吉の朝鮮侵略に対する援軍派遣」のこれらの戦いで軍事費を膨大に支出し、財政が一層悪化してしまった。

そこで、万暦帝は逼迫した財政を再建するために、銀経済が浸透していた銀鉱山に対する「鉱税」と、農民への「商税」を増税して、取り立てのための宦官を各地に派遣した。

このとき、宦官の多くは無頼の徒を従え、万暦帝の名のもとに、すでに枯渇していた銀鉱や富豪や農民を脅かしていたるところで不法な取り立てを行った。その上、横暴な宦官が私腹を肥やしていたことから、各地で民衆の反税運動が勃発した。

この増税に反対していた儒学者であり官僚の顧憲成《こけんせい》は、万暦帝に後継者問題で上奏したのが原因で免官となった。それを機に故郷の無錫《むしゃく》（現・江蘇省無錫市）で、朱子学を講じる「東林書院《とうりんしょいん》」（東林党）を開いた。宦官中心の明朝王朝を批判する政治集団を形成したのである。

明王朝14代皇帝・万暦帝（1563〜1620年）

まもなく、宦官を支持する万暦帝が亡くなるが、宦官と官僚の争いは止まなかった。今度は16代天啓帝の宦官である魏《ぎ》忠賢《ちゅうけん》が権勢を振るい始め、宦官批判を行う東林党を弾圧した。しかし、次の皇帝は魏忠賢を排したため、東林党の官僚は復活し宦官の権勢を鎮めることができた。

その皇帝が、明王朝の最後の皇帝となった17代崇禎《すうてい》帝《てい》である。崇禎帝は極めて猜疑心が強い性格で、臣下のことが信用できなかった。在位17年間で閣臣50人を換え、多くの重臣を殺した。このことが原因で重臣たちの志気は著しく低下し、結果として国を守ることができなかった。

国内では、民の困窮による反乱あり、国外では後金（後の清王朝）からの侵攻ありと、まさに内憂外患の時代だった。それに拍車をかけたのが崇禎帝の数々の誅殺であった。

１６４４年、困窮する民に何の対策もとろうとしない政府に対して、李自成《りじせい》率いる反乱軍が蜂起し北京に侵攻してきた。崇禎帝は群臣に招集をかけたが、臣下を信じなかった皇帝の下にとどまる者はおらず、そのほとんどはすでに逃げ出していたという。反乱軍およそ40万人の軍勢を前に、明王朝はなす術もなく、崇禎帝は紫禁城の北にある景山で自殺した。34歳であった。このとき、傍らにいたのは老宦官1人だけだった。ここに、２８０年にわたった漢民族による明王朝は幕を閉じた。

今までのパターンから見れば、このまま李自成が次期王朝の建国者になるのがお決まりである。しかし、彼は後金（後の清）と明王朝の将軍呉三桂が結託した連合軍に敗れ、わずか40日で北京から追い出されてしまうのだった。

こうしてみると、明は暗い時代のように感じられるが、手工業と文化面が発展した時代であった。江南地域では綿織物業、絹織物業、陶磁器業などの手工業が盛んになり、日本銀を中心に銀が多く輸入され、国内経済も活況を呈した。陶磁器の生産地として有名な景徳鎮《けいとくちん》では多くの名品が生まれた。

また、文化活動も盛んになり、都・北京はもちろん、南京、蘇州、杭州などの地方都市も活性化し、そこから「三国志演義」「水滸伝」「西遊記」などの小説が生まれている。

この明の時代は、元王朝初期の1290年から人口は微増し、12代嘉靖帝時代の1522年には6080万人（約200万人増）となった。しかし、明末期の1644年には1063万人と、約122年間で4500万人以上の命が失われていた。

●明時代は恐怖政治の暗黒時代

明の時代から約100年後に生まれたドイツの哲学者ヘーゲル（1770年〜1831年）は、中国の王朝体制を「皇帝一人だけが自由で万民が総奴隷という国家体制」と評していた。ヘーゲルの評価は、間違いではない。洪武帝（朱元璋）は、明王朝時代に「皇帝の自分以外は奴隷である」という国家社会に変えてしまったのだ。

朱元璋は、安徽《あんき》省の貧しい農家の6人兄弟の末っ子として生まれたが、17歳のときに疫病で両親や兄弟を失った。その後、彼は食べるものを得るために出家して皇覚寺《こうかくじ》（現・隆興寺）という寺に入ったが、そこにも食料がなく、托鉢僧となり3年間にわたって放浪しなければならなかった。ほとんど乞食同然の生活だったという。そして、朱元璋が24歳のときに、白蓮教徒による紅巾の乱が勃発した。朱元璋は白蓮教に入信し、反乱に身を投じた。

同軍の中で、朱元璋は「胡虜《こりょ》を駆逐し、中華を回復する」という元打倒のスローガンを掲げ、軍隊を率いるようになった。もちろん胡虜とはモンゴルのことである。そして、民衆を味方につけるために、「人民を殺さない、婦女子に暴行危害を加えない、人民の家財に手をつけない」という3つを軍隊に厳守させた。

だが、力をつけてくると、今まで戦いを共にしてきた白蓮教を弾圧し、その指導者・韓林児《かんりんじ》を秘密裏に殺害した。これまでの功績がどうであろうと、自らの障壁になると判断すると、すかさず粛清するのが朱元璋のやり方である。

明の皇帝として洪武帝と名を変えた後は、子々孫々まで天下を安泰させるために、生涯をかけて徐々に独裁政治を確立していった。そこでもやはり、功臣を次々と粛清・追放した。とはいえ、中国の歴史において、功臣の粛清は珍しいことではない。秦の始皇帝や漢の高祖劉邦を思い出していただけるとそれがわかるだろう。

しかし、洪武帝の粛清はその程度が空前のものだったのである。その最たる例が「胡惟庸《こいよう》の獄」であり、洪武帝の恐怖政治がここから始まった。胡惟庸とは、紅巾の乱で洪武帝とともに戦ってきた功臣である。丞相《じょうそう》（君主の補佐役として最高位の役職）へと出世していたが、彼もまた功臣を毒殺するなど権勢を強めていたことから、洪武帝から警戒され始めていた。

そして、1380年、胡惟庸は「モンゴルや日本と手を組んで謀反を企んだ」という反逆罪の疑いで捕えられ、洪武帝によって処刑された。この時、胡惟庸の重臣もこれに連座したという罪で1万人あまりが処刑された。

しかし、これは功臣に対し恐怖心を植え付けるための見せしめにすぎなかった。事実無根の罪で、胡惟庸は殺されてしまったのである。

これを機に、洪武帝は中書省と丞相の役職を廃止し、皇帝兼丞相となった。その10年後には洪武帝の筆頭功臣であった李善長《りぜんちょう》も「胡惟庸の獄」との関係を追及されて殺された。このときも、李善長に連座したとして3万人あまりの臣下が処刑された。

洪武帝による側近の粛清は、これで終わらなかった。李善長の処刑から3年後、明建国初期に四川征伐などで軍功を上げた大将軍の藍玉《らんぎょく》が突然逮捕された。「大将軍の地位に飽き足らず爵位昇格を要求するなど、横暴な振る舞いが目立ってきた」というのが理由で、洪武帝は謀反の意ありとみて処刑を命じた。やはりこのときも、功臣高官が連座したとして2万人が処刑の対象になった。

このように、洪武帝は歳をとるにしたがって猜疑心を増し、謀叛事件をでっちあげては多くの功臣やその縁者を次々に処刑していった。その数はのべ10数万人にものぼる。

洪武帝は功臣の粛清だけでなく、些細な処罰も多く行っている。その背景には、洪武帝の過去がある。洪武帝はかなり貧しくみじめな少年期を送った。寺に預けられ、乞食同然の托鉢僧として生き延びてきた。また、自ら身を投じた白蓮教であったが、その教えを信じての入信だったのかは定かではない。また、白蓮教は盗賊まがいの集団でもあった。

そんな自分の過去を抹消するかのように、皇帝になると、過去に関係する文字などを全て排除するように命じた。「僧」と音の近い「生」や、「盗」の字と同音の「道」という漢字を使った者がいれば、それだけで殺された。また、当時の朝廷内では、文書作成の時間を省くために先に承認印だけを押した用紙を用意し、それを利用し報告書を作成することが常態化していた。これに気付いた洪武帝は、印の管理者を全員死刑とし、他の関係者にも厳罰を下した。「空印事件」と呼ばれるものである。「胡惟庸の獄」をきっかけに全ての権限を握った皇帝・洪武帝は、官僚の監視を強めるための都察院を新設し、皇帝直属のスパイ組織である「錦衣衛《きんいえい》」も設置した。

これで、いわゆる「監視社会」が到来し、秘密警察の影におびえる恐怖政治が行われることとなった。中国ではこれまでも連綿と恐怖政治が行われてきたが、この洪武帝の恐怖政治も、まさに、始皇帝もどきの法家政策を再現したものだった。始皇帝があれだけの恐怖政治を行えたのは、「皇帝は法家によって絶対的な権力を与えられ、他者から制約を受けない絶対的な君主である」という法家の皇帝論に大いに影響されてのことだった。それ以来、歴代皇帝はこれを継承しているのだ。

法家の考えに基づく政治となれば、それは法律というルールのもとで行われるものと考えてしまうが、そうではない。用心深く猜疑心の強い洪武帝は、皇帝就任の3年前より唐の律令制度を参考にして、明の基本となる「大明律」の編纂を左丞相の李善長に命じた。10年後の1375年に完成した「大明律」は、言ってしまえば皇帝の都合のいいように作られた法律である。法治どころか、人治のための法律なのである。

「大明律」は全30巻、全460条からなるもので、罪に関して、主に内乱に通じる十悪（謀反、謀大逆、謀叛、悪逆、不動、大不敬、不考、不睦、不義、内乱）というものが定められた。農民が地主などに抗議する罪は軽くして、謀反や大逆など内乱に通じる罪は重くしたものである。

罰に関しては五刑が定められた。笞刑《ちけい》（鞭打ち）、杖刑《じょうけい》、徒刑《ずけい》（獄に拘禁）、流刑《るけい》、死刑があるが、これは唐律に基づくものである。この法律で定められた以外の罪に、凌遅刑《りょうち》（＝生身の人間の肉を少しずつ切り落として死に至らしめる刑）や、皮剝刑《かわはぎ》（＝全身の皮膚を刃物などで剝ぎ取る刑）などの残虐な罰も追加されたのであるが、その他に人治体制から生み出された典型といえる刑がある。

それが「廷杖《ていじょう》の刑」である。皇帝が官僚を宮殿で棒たたきにして恥辱を与えるという内容だ。これは皇帝への恐怖心を植え付けるために設けられたのだろうが、皇帝の腹の虫の居所が悪いというだけで処せられ死に至る臣下も頻繁にあったという。3代永楽帝も、先代の旧勢力を一掃するために側近や一族およそ1万人を処刑するような男だった。

このような明時代の皇帝独裁体制は、洪武帝に始まり永楽帝の時代に定着し、以降、強化されていった。明の官吏は、いつ罪をとがめられて殺されるかに怯え、事なかれ主義になっていたという。

皇帝が権威と権力を独り占めしている中国の歴史をみると、国民を奴隷のごとく扱う思想は、君主独裁政治が確立された秦の時代に生まれ、明の時代になって一層強化されたといえるだろう。

●鄭和の南海大航海と華僑の誕生

現在、世界各地に中華街を中心とした中国人街がつくられ、華僑《かきょう》社会が築かれている。世界には「華僑・華人」といわれる人は5000万人以上いるという。その90％以上は東南アジアに住んでいるが、その起源を探し求めていけば、明時代に行われた「鄭和《ていわ》の南海大航海」に辿りつくのである。

なお、日本では華僑を「中華系のルーツをもち、中国古来の文化や事業を受け継いでいる人々」のこととしているが、一般的には国外で暮らしながらも中国籍を持ち続ける人を華僑といい、国外に定住しその地の国籍を得た人を華人という。

中国は、宋代から元代にかけて東南アジアや南アジアの地域と活発な交易を行っていた。しかし、明代に入ると周辺海域に頻繁に現れるようになっていた海賊と密貿易を取り締るために「海禁令」を発令した。洪武帝時代の１３７１年のことである。これにより官民を問わず出海を禁じられ、朝貢貿易を除いた鎖国政策がとられるようになった。とはいえ、実際はそれほど海禁が徹底されていなかったという。

そこで、３代永楽帝は１４０４年に「下海禁止令」を出した。従来の海禁令に加え、朝貢国の入朝に備えて寧波・泉州・広州に三市舶司を設置する体制をつくるとともに、東南アジアの中国人海賊の討伐も行った。これが功を奏して、沿海部の民の密輸が激減した。

鄭和の南海大航海が行われたのが、ちょうどこの時期である。国として海禁政策をとっていた時期ではあるが、永楽帝は南海諸国にも明に朝貢するよう求めるつもりだったのだ。

この計画は対外的政策としては画期的だった。イスラム教徒の宦官・鄭和を大艦隊長に任命し、南海諸国に朝貢を促し、そこで中華帝国を再現しようという目的があったという。

この遠征は、１４０５年の第1回を最初に、東南アジアからインド洋、アラビア海を航行し、約30年間で7回行われ、訪問した国は30余ヶ国にのぼった。

鄭和は訪れた国では、明の偉大さを誇示し熱心に朝貢を促した。その結果、訪れたほとんどの国々が明に朝貢し、南方の珍しい動植物や貴重な香辛料などが中国に入るようになったのである。たとえば、１４１４年の第４次航海ではホルムズ王より「キリン」が贈られた。甲板に穴を開けそこに首を通して連れてきたそうだ。

中国からは絹織物や陶磁器が大量に輸出された。行く先々では鄭和の船は「宝船」と呼ばれて歓迎された。こうした交流を続けるうちに、大艦隊の船員や兵士は海外への移住に興味を抱くようになり、そのまま寄港地で下船し現地に残る者が現れるようになった。

やがて、彼らは中国から親戚や仲間を呼び寄せて生活を始めた。こうして現地に中国人街ができ、そして華僑社会が築かれていったのである。彼らは、各地に鄭和を祀る廟を建てて、参拝に訪れていたという。

ペルシャ湾の港湾都市ホルムズの王から贈られたキリン

鄭和の活躍によって、明は南方にも朝貢国を手に入れた。しかし、永楽帝以降となると、財政悪化による緊縮のため、多額の費用がかかる朝貢貿易は制限され朝貢国も減少していった。

15 夷狄の征服王朝、ふたたび―清王朝

中国で清王朝時代が築かれている頃、日本は文明の夜明けを迎えていた。江戸幕府が無血開城したことで封建時代が終わり、1868年には明治維新を断行、脱亜入欧を掲げながら近代化を進めていった。一方、その清王朝はといえば、またしても夷狄に徹底的に攻撃され、中華思想も木っ端微塵に破壊された。

こうして見ると、中国人も日本人も、同じような時期に国外勢力からの脅威に接しているのである。そして、中国人も日本人も、初めて遭遇した西欧文明に対して卑屈にはならなかった。

ただ、その時の対応の違いが、国の将来に大きな差をもたらすことになった。時をさかのぼるが、火縄銃を携行していたポルトガル人に出会った時の対応の違いをみれば、その差は一目瞭然である。中国人は「特に何ら関心を示さず、自分たちの方が優れているという態度で、彼らを粗野な野蛮人ぐらいにしかみなさなかった」のに対して、日本人は「自らを劣っているとは思っていないが、好奇心が旺盛で、学ぶのに熱心であった」といわれている。ここに中国と日本の差が生まれたのであった。

●清の誕生

まず、清王朝の誕生について一通り触れておこう。1644年、明王朝を倒すべく北京に入城した李自成《りじせい》軍は、北京市民より熱烈に歓迎され「易姓革命」を達成した。李自成は儒学者であったブレーンの役人に新王朝を建てるようすすめられ、すっかり自分でも、新王朝の皇帝に即位する気になっていた。しかし、李自成の軍は略奪集団とほとんど変わらない性格で、軍規は緩み掠奪と殺人が横行していた。

その頃、明軍の生き残りである将軍呉三桂《ごさんけい》は、清軍の侵攻を防ごうと、いまだに万里の長城の最東端にある山海関（河北省）で清軍と対峙していた。それを知った李自成は呉三桂に「明は滅んだ。新王朝の将軍として引き続き山海関を守れ」との手紙を送り、自軍に引き入れようとした。

しかし、呉三桂は「略奪集団なんかに入るものか」と誘いを断り、反対に清側についてしまったのだ。呉三桂は清王朝の下で、高位高官を用意してもらうことを交換条件にして、李自成軍を討伐するために北京への先導役として南下した。

清軍と呉三桂が李自成軍の籠る北京を包囲した時には、今度も北京市民は諸手を挙げて清軍を歓迎した。李自成軍の横行に、北京市民も辟易としていたのである。李自成軍はわずか40日にして北京を脱出し、落ちのびる途中で武装勢力に殺された。

こうして、明王朝を倒した李自成を倒した清が、次の王朝として誕生したのだった。

この清だが、そのルーツは中華帝国から見た夷狄の女真族にある。かつて、北宋を倒して中国の北半分を占領していた金という国があったが、この金はもともと女真族の完顔阿骨打《わんやんあぐだ》が打ち立てた国だった。1234年にモンゴル帝国のオゴタイ・ハーンによって滅ぼされてから、約380年の間、万里の長城の遥か北方に追いやられ、建州女真、海西女真、野人女真と3つの部族に分裂していた。

しかし建州女真のヌルハチが同族の女真3族を次々に統一し、1616年に「後金」を建国した。驚いた明王朝は、満州・撫順《ぶじゅん》のサルホ山でヌルハチと決戦したが、明軍の大敗に終わった。この戦いによって後金の満州での覇権が決定し、都を瀋陽とした。

その後、後金は着実に力をつけていく。ヌルハチの病死後、跡を継いだ第8子のホンタイジが太宗《たいそう》として即位すると明への攻略を始め、朝鮮も内蒙古も制圧した。

そうして民族名を女真から「満州」に、1636年には国号を後金から「大清」に改め、万里の長城に押し寄せてきた。東北部を完全に掌握したホンタイジは明の領内に侵攻しようとするが、それは果たせないまま亡くなり、野望は次代に受け継がれた。

いよいよ3代順治《じゅんち》帝（愛新覚羅福臨《アイシンギョロフリン》）のときに、山海関を守っていた明軍の呉三桂が清側に寝返ったこともあって北京に入城し、中国を征服した。こうして、ここに「清王朝」が誕生したのである。

●「夷狄の王朝」と中華思想

清は、遼、金、元と同じく漢民族を征服した王朝である。これら周辺民族による中国王朝が誕生すると、必ず直面するのが「漢文化」との付き合い方である。

遼と元、特に元は徹底したモンゴル至上主義もあり、漢文化に迎合しなかった。対して、金は比較的好意的に漢文化を受け入れていた。清はというと、漢文化に染まることも、また漢文化を排除することもなかった中間型とされているが、そうではない。清末期には漢文化にどっぷりと染まってしまった。ここでいう漢文化とは、「中華思想」のことである。

歴代清朝皇帝は「華・夷」の差別を受け入れ、自らが夷狄であることは認識していた。それでも、中華思想が根強い漢民族の官僚側から「夷狄の王朝」「夷狄の君主」を否定する動きが現れる。漢民族国家である明の後を受けただけに、なおさら強い差別を受けた。

清王朝３代皇帝・順治帝（1638～1661年）

そこで、皇帝は漢民族文化の導入が必要だと認識し、征服王朝としての清をかき消そうとして、皇帝の名前を中国風にすることを受け入れた。後金の3代目から「愛新覚羅《アイシンギョロ》福臨《フリン》」ではなく順治帝《じゅんちてい》と名乗ったのは、そういう理由からである。

順治帝の跡を継いだ子の4代康熙帝《こうきてい》は、他にも支配体制における多くの面で明時代の制度を活用した。明時代の官僚体制はそのままにして、重要な各部署には実務に精通している漢民族を配置した。監視役として、同数の満人を置くことも忘れなかった。

国内政治にも熱心に取り組み、こと財政については、明時代に膨らんだ宮廷使用人を1万人から数百人にまで減らし、人民への課税は緩めた。頻繁に荒れ狂う黄河の治水事業も行った。

文化面においても、漢民族の知識人を集めて辞典や歴史書を編纂させ、ヨーロッパから伝えられた自然科学など新しい学問も積極的に受け入れた。

こうした政策と同時に、清王朝の正統性を漢民族に認めさせるような手法にも長けていたのが康熙帝である。中華思想と同時に、天命思想も重視し、「清王朝は天命により支配を行っているのだ」という、中国伝統の易姓革命によって誕生した正統な王朝であることを主張した。

同時に、「文字の獄」や「禁書」を行い、漢民族の知識人が清を誹《そし》るような言葉や、清を夷狄とするような発言があれば、どんどん弾圧していった。「反満を意図して、異民族政権の故事を歪曲すること」や「外国を敵視し、漢民族の興隆を願うこと」が記されているものも、禁書対象に含まれた。これはその後約1世紀半も続いた。

また、人民に対しては一度は廃された「弁髪令」を再び導入し、夷狄の風習を漢民族の間に持ち込むことに成功した。その狙いは、満州民族と漢民族を一つの民族であるかのように見せることである。

それでも、漢民族にとっては明の暗黒時代よりはましだという認識だったのだろう。特に重税を課されることもなく、有史以来最も幸福な生活を享受できた。

国内統治において手腕をふるった康熙帝だったが、弱点を挙げるならば、中華思想を周辺国に押しつける手法について未熟であったことだろう。

この頃、満州のさらに北方から、ロシアという新たな脅威が迫っていた。ロシアが女真族にとっての聖域である満州北方領域内のアルバジンに城を築いているとの情報を得たので、大軍を送って包囲攻撃し降伏させ、続いて東シベリアにあるネルチンスク城を攻めてロシアに南下を諦めさせた。

1689年、清とロシアはネルチンスク条約を結び、国境を取り決めた。ここに、清の外交力不足が露呈した。清にとって夷狄にあたるロシアと、両国互恵平等の条約を結んだのである。これまで夷狄に対して、朝貢貿易という中国有利の交易をずっと行ってきたのだから、その内容に漢人官僚からは不満が爆発した。ここで政府内部を混乱させるわけにはいかないと、康熙帝はあわてて中華思想に基づいた条約に変更したが、実際の交易はやはり対等なものだった。

しかし、北が無理ならといわんばかりに、1718年、清軍はモンゴルのジュンガル部が支配していたチベットに侵攻した。ジュンガル部に不満を抱いていたチベット側をうまく取り込み、ダライ・ラマ7世の傀儡政府を建てて、これを正統政府として清王朝に組み込んだ。現在にまで続いているチベット問題は、このときから始まっているのである。

5代雍正帝も康熙帝の方針を継ぎ、『大義覚迷録《たいぎかくめいろく》』という書物を残した。ここに記されるのは、次のような内容だ。

清朝初期、華夷思想を説く朱子学者に影響を受けた曾静《そうせい》という若者が、四川総督に清朝打倒を働きかけたということで逮捕された。ところが、雍正帝は曾静を死罪にせず、清朝の正統性に目覚めるよう思想転換を求めた。雍正帝の大いなる義によって、「迷い」を覚まさせる記録になっている。

清王朝はこのエピソードを用いて、「清を批判した人物を許し、徳を通じて改心させた清王朝は徳治主義を志向している」と主張したかったのである。そして、次のように付け加えられる。「中国は古来、領域拡大を続けている国家であり、その度ごとに夷を併合して新たな華となった多民族国家である。したがって、清は華になり、清は堂々と満州民族の王朝である」と。

これで清が夷狄であるという壁は崩れ、清は天命によって選ばれた国家となることができたと、康熙帝は胸をはった。

曾静事件は、雍正帝の思想統制とも言われたが、これにより清王朝を安定に向かわせたことは間違いなく、後に続く乾隆帝の長期政権をもたらした要因の一つになったとも言われる。

雍正帝はやがて、中国国内におけるキリスト教の布教禁止を決定し、政府に仕える宣教師の北京残留は認めるが、民間の宣教師は全員退去ということになった。キリスト教は夷狄の思想であり、中国の伝統的文化を破壊する危険な存在だからというのがその理由であった。

●最盛期を迎えた清王朝と転落への道

雍正帝の四男である6代乾隆帝が即位した頃は、雍正帝が築いた「皇帝の権威」、つまり「徳」が周辺諸民族にも及び始め、抗争や戦乱がなくなり始めていた。唐王朝の「貞観の治」以来の平和で安定した時代が到来し、乾隆帝のときに清王朝の最盛期を迎えたといわれる。人口も爆発的に増加し、

1661年に2096万人であった人口は、乾隆帝の治世の1749年には1億7749万人に達した。乾隆帝は前2代の皇帝とは違い派手好みであった。その性格を象徴する出来事が、「十全武功《じゅうぜんぶこう》」という外征である。「明の滅亡は、天命を受けた満州王朝が実力で成し遂げたものである」とする乾隆帝は、強者の正義を掲げて、それを行動で示そうとしたのだった。

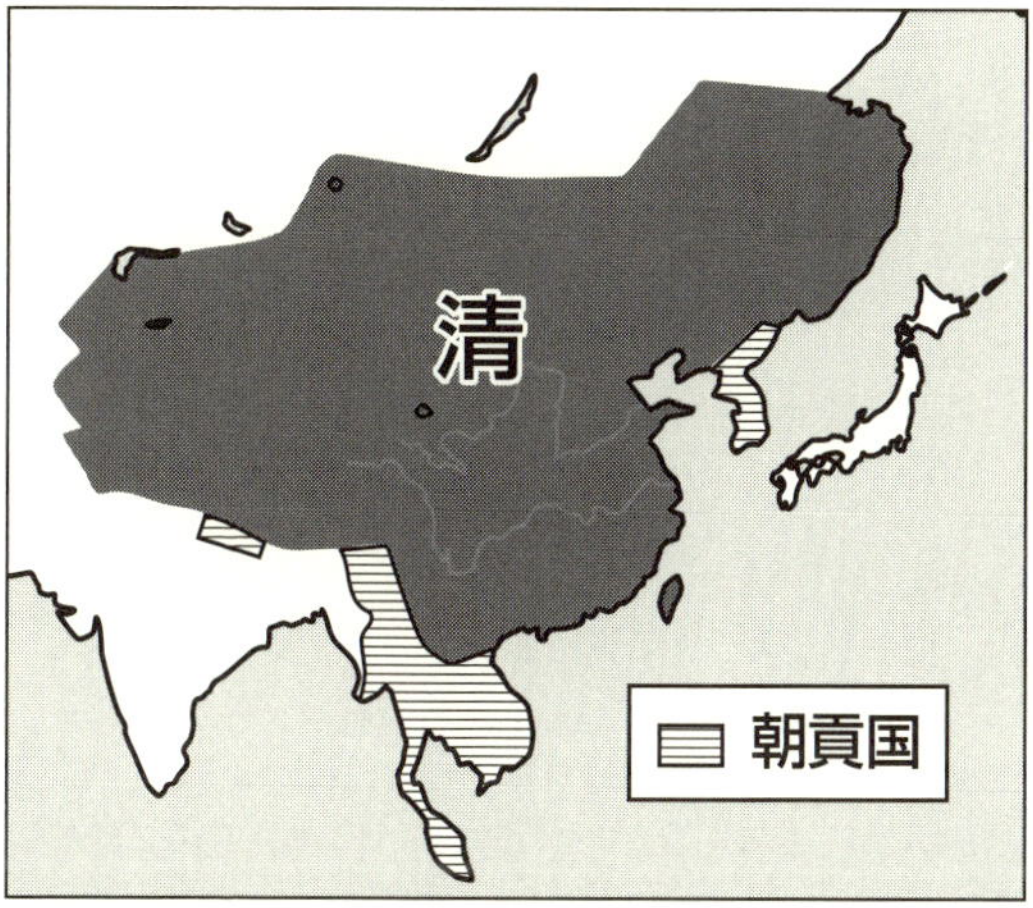

清王朝6代乾隆帝の時代に最大面積を誇った清王朝の領土。朝鮮半島や東南アジアの国々は朝貢国として清の配下にあった。

「十全武功」とは、四川省の金川、ジュンガル、ネパールに2回ずつ、回部（現在の新疆ウイグル自治区）、台湾、ビルマ、越南に1回ずつの計「10回」遠征し、その「全て」において「武功」をあげた、つまり勝利したという意味である。乾隆帝はこの遠征を後になっても武勇伝のように語り、自分のことを十全老人と言っていたそうだ。

この結果、中国の領域に満州、内・外モンゴル、台湾、チベット、東トルキスタン（新疆）が加わり、版図は明王朝時代の3倍にまで拡大し、史上最大規模になった。人口も約3億人以上に増えた。

清はこれだけの巨大な領域を統治するのに、綿密な戦略を練っていた。特に内・外モンゴル、チベット、東トルキスタン（新疆）の藩部と呼ばれる領域では、大勢力が生まれないように細かく分断し、藩部の統治者には、北京への参勤交代を義務化し徹底させていた。漢民族に対しても、少数民族との接触を禁じ、異民族居住地への移住を認めないことで、両者の紛争が起きないようにした。

しかし、度重なる外征、寺院の造営やヴェルサイユ宮殿を模した宮殿の建設などによって、財政状況は悪化、清の盛世にもかげりが見え始めた。官僚は腐敗し、人口の爆発的増加は、農民の土地不足をもたらすことになった。争いが多発し、地方農民の没落が進行していた。満州民族は自己の民族意識を次第に失い、中国文化に酔い堕落していく。纏足の習慣は早くも満州民族の間に流行していた。漢民族は弁髪を、いつの間にか漢族風にアレンジしていた。

これは漢民族文化が原因だと嘆く満人皇帝の乾隆帝自身も、すでに漢民族化していた。乾隆帝の十全武功が終わった翌年の1793年に、英国国王ジョージ三世の特使ジョージ・マカートニーが乾隆帝に謁見し、貿易の拡大と国交樹立を求めてきた。

ここで清は、世界の中心に君臨する「中華帝国」に対して「蛮夷」であるヨーロッパの国の使者は、皇帝に対する伝統的な儀礼である「三跪九叩頭の礼」をするべきだと要求した。

しかし、中国を一歩出ると、そのような礼儀は通用しないどころか、侮辱されたと受け取られかねない行為である。マカートニーは当然これを拒否し、その会見は失敗に終わった。異民族出身の皇帝も北京に150年も在住すると、中華思想に染まりきっていたのだった。

マカートニーは、乾隆帝が「天朝にはないものはない、ほしいものがあれば恵んでやる」と豪語したことを思い出しながら帰路についた。その道中、北京から広州までの沿道で見たものは、強盗と乞食だけであった。社会はすでに崩壊していた。

清王朝の繁栄の裏で、農村は痛めつけられていた。科挙試験に合格できなかった中・下級役人が、赴任先の農村で鬱憤を晴らすかのように農民を頻繁に収奪していたのである。農民もこれに耐えきれなくなっていたところだった。

そこに、弱体化していた白蓮教が息を吹き返してきた。白蓮教は南宋時代から存在してした浄土教結社（白蓮宗）である。明の初代皇帝・洪武帝も一時期所属していた。山東省の山間地帯で結成され、次第に大規模なものとなり、反体制集団へと変貌を遂げつつあった。

この動きを危ぶんだ清王朝は、1794年に白蓮教団を鎮圧するため、乾隆帝の寵臣であった禁軍（近衛軍）の軍機大臣和珅《わしん》の弟和琳《わりん》を送った。ところが、彼らは中国全土で苛酷な取り調べを行い、多数の民衆が犠牲になった。それに便乗して地方官吏たちも捜査を名目にした金銭の収奪などをやっていた。白蓮教団を鎮圧するために送った和琳隊は、鎮圧どころか、民衆を脅かし金銭を収奪することになったのである。

1796年、乾隆帝は在位60年を迎えたのを機に、帝位を子の嘉慶帝《かけいてい》に譲った。7代嘉慶帝が即位すると、軍機大臣の和珅が地位を利用して専横を極め、大金を横領していたことが発覚する。嘉慶帝が和珅を弾劾し、自害させた。没収された金額はなんと8億両にものぼり、清王朝の年間収入7000万両の10倍を超えるものであった。

この事件は、清王朝を大きく動揺させ、衰退させるきっかけとなった。事件が明らかになると、それまで和琳隊の苛酷な取り調べに反発していた民衆の不満が爆発し、1796年に湖北省で「白蓮教徒の乱」が勃発した。これを契機に陝西省、四川省でも反乱が続発、河南省、甘粛省にも飛び火した。参加した人数は10万人ともいわれた。清軍は1805年に9年がかりで鎮圧したが、清王朝も400余人を失い、国庫収入4年分に相当する2億両の損失を被った。

●夷狄に蹂躙される中華帝国——阿片戦争と内乱

次の8代道光帝《どうこうてい》の時代になると、中国は西洋の夷狄からの激しい攻撃に晒されるようになった。その最大の事件が、1840年に勃発した阿片戦争であった。

戦争の背景としては、中国とイギリスの貿易が盛んに行われるようになり、中国へ支払う銀の工面に苦しむようになったイギリスが、銀の代わりにインド産の阿片で支払いをするようになったことがある。清王朝は阿片を禁止していたので、密輸になっていたのだが、年々阿片は増加して民衆がたちまちのうちに阿片に侵されていった。

道光帝も阿片の販売者や吸飲者は死罪とする法律を制定し、イギリスにもこれを持ち込まないように伝えたが、交渉は決裂した。そこで、阿片2万3000箱を中国側が没収した。

これに怒った英国が海軍を派遣し、阿片戦争となったのである。

このように書くとイギリスが悪者のようになってしまうが、中英間の貿易にはいくつか問題があり、売買価格を中国の「行商」が勝手に決定したり、官憲への賄賂次第で税率が変動したり、英国の貿易改善提案を全く受け付けなかったことがそもそもの原因ともいえる。また、イギリス商人が皇帝やその代理人に会うときには、やはり三跪九叩頭の礼を強制されたのだった。

結局、清は当時の最先端兵器の保有国である英国に大敗した。2年後の1842年8月には南京条約が結ばれ、清は賠償金2700万ドルの支払いと、香港島を割譲され、五港の開港を要求された。朝貢しか認めていなかった中国にとっては屈辱的な条約であった。

英国は、なおも英国を夷狄扱いにする清に対して、南京条約第17条でわざわざ「英国を〝英夷〟と呼ばない」ことを規定したのだが、それでも清は守らなかったため、アロー号事件後の天津条約（1858年）の締結の際に「夷狄」呼ばわりしないことを、再度明文化させている。

これを機に、中国国内における中華思想が崩壊を始めていった。

清王朝の受難は続く。9代咸豊帝《かんぽうてい》が即位した直後の1851年に「太平天国の乱」が、その5年後の1856年に「第二次阿片戦争」（アロー号事件）が起きた。

「太平天国の乱」は、清王朝滅亡の最大の要因ともいえる1911年の「辛亥革命」を引き起こすことになる重大事件だ。

広州に住んでいた客家出身の洪秀全《こうしゅうぜん》という青年がいた。洪秀全は官僚を目指していたが、3度も科挙試験に失敗し、苦汁の日々を送っていた。ある晩、不思議な夢を見たという。イエス・キリストらしい気品溢れる老人が現れ、世の中に漂っている悪魔を退治せよとの啓示を受けたのだ。そこで、自分こそは世の中を救うために神から遣わされたキリストの弟であると信じ込むようになった。

そして、「上帝会」（上帝＝Ｇｏｄ《神》の訳語）を組織し、世直し運動を始めながら、自分を「天王」と称して「太平天国」の実現を目指して挙兵したのだ。

この乱は、「大同《だいどう》」という名のもとに国民が大家族の一員であるような社会を理想とした。まるで１００年後の共産主義革命の予行演習のようである。信徒は私有財産を持つことは禁じられ、最低限の衣食住が保証される代わりに、兵役を課させられた。飢饉と悪政にあえぐ人民数百万人をたちまち吸収して大集団になり、１８５３年には漢陽・漢口を落城させ、武昌も占領した。勢いそのままに南京方面を目指し、水陸両軍20万の兵を編成して南京を陥落させた。ここを都として「天京」と改名した。

太平天国の乱（武昌の戦い）を描いた絵

1860年には洪秀全の軍は長江中・下流域で清軍を撃破し、ますます勢いに乗ったが、やられっ放しだった清が、イギリス・フランスに応援要請をした。

そうして英仏連合軍が清軍に加担することになり、清軍は戦力を立て直し、13年間に及んだ反乱は1864年に鎮圧された。10代同治帝《どうちてい》が即位した3年後のことであった。

この太平天国の乱は中国のほぼ全州に及び、乱における犠牲者数も凄まじいものだった。この乱が勃発した1851年の人口は4億3000万人であったが、鎮圧される3年前の1861年でも2億6000万人に大激減していた。10年間に1億7000万人が命を落としたことになる。

従来の王朝交代期でさえ、3000万～4000万人という犠牲者数である。戦いの舞台となった南京では、首都陥落の際に数百万人が殺され、南京とその他の地にも遺体が埋められ、あるいは揚子江に投げ捨てられたという。異常なまでの残虐性が垣間見られる。

これだけでも、中国内部がどれほどの混乱に陥っていたかがうかがえるだろう。しかし、そんな最中に、また外国からの攻撃を受けた。1856年に起きた第二次阿片戦争（アロー号事件）である。

広州沖に停泊中であった英国の「アロー号」が、清国官憲より臨検を受け、英国国旗を引き下ろされたのである。

これを口実に、英仏両国はその翌年に共同出兵して難なく北京に入り、1858年に天津条約が結ばれた。その後、締結された天津条約の内容が改訂され、1860年に北京条約が結ばれた。この条約で、清王朝は西夷・外国からの要求を全面的に飲まざるを得なかった。天津、漢口など11の港が開放され、さらに英国には九龍までも割譲された。
もはや清王朝は風前の灯であった。

●日清戦争と朝鮮独立

清王朝と日本の関係を語るうえで、日清戦争（1894年～1895年）の話題を避けて通ることはできないだろう。これにより日本国内は言うまでもなく、清国内、そして、朝鮮のあり方も大きく変化したのだから。

日清両国の直接対決までに、朝鮮をめぐる動きがあった。それが戦争の引き金となったといってもよい。その点から日清戦争を見てみよう。

日本にとって朝鮮とは、ある種の国防の要だった。もしも朝鮮の釜山までがロシア領となった場合、日本の安全はどうなるのか。それは国家規模の恐怖となる。西郷隆盛の征韓論はそれが基本になっているようだ。ロシアが南下してきたら、無力な朝鮮は抵抗もすることなくロシアの軍門に下り、ロシアは次に日本に侵攻してくるだろう。このようなイメージは幕末の頃からあり常に意識しなければならない危機だったのである。

1881（明治14）年、朝鮮国王高宗の后閔《びん》妃の一族は、朝鮮の将来を憂い近代化を目指す開化派の立場をとり、日本から軍事顧問を招き改革に着手した。しかし、これに反対する高宗の実父の大院《だいいん》君《くん》がクーデターを起こし日本人軍事顧問を殺害した（朝鮮事変）。その2年後に今度は開化派がクーデターを起こした。いずれも清の出兵により鎮圧された。

朝鮮国内の乱に日本、清、朝鮮とそれぞれの兵が入り乱れれば、必ず小競り合いが起こる。これを機に、1885年、伊藤博文と清の李鴻章《りこうしょう》の間で天津条約を結び、両軍とも朝鮮から兵を引揚げて、今後派兵する時は事前に通告し合う約束を結んだ。

それから9年後の1894年4月、朝鮮南部の全羅道《ぜんらどう》で、東学党という宗教団体が減税や排日を訴え、反乱を起こした。甲午農民戦争、別名・東学党の乱である。その背後には、宮廷勢力追放を狙う朝鮮大院君と、朝鮮半島の総督の座を狙う清国の朝鮮駐在代表袁世凱《えんせいがい》がいた。朝鮮政府は鎮圧に乗り出したが抑えることはできず、清国に出兵を要請した。

北京の李鴻章は要請に応じ、6月に北洋陸海軍に朝鮮出兵を命じた。日本陸海軍も、その翌日に天津条約や日本の公使館を守るという口実で出動を命じた。

この乱は鎮圧されたが、日本と清は共に撤兵せずそのまま朝鮮に駐留したために、戦争状態に突入することになる。李鴻章によって朝鮮へのさらなる増派決定が下されたのを受け、同年7月、外務大臣の陸奥宗光《むつむねみつ》は駐韓公使の大鳥圭介に「日本の安全と市場確保のために、清の朝貢国である朝鮮を日本側に取り込んでおかねばならない、そのためには、朝鮮半島から清軍を駆逐するしかない」と命じた。

大鳥は陸奥の内訓を受け、朝鮮に対して「清国への従属関係を絶つこと。清軍を国外に駆逐すること」という要求をつきつけ、有無を言わせず承知させた。

これで日清戦争が決定され、7月25日朝の豊島沖での海戦により火蓋が切って落とされた。日清

講和条約に調印する日本の伊藤博文（左側中央）と清の李鴻章（右側中央）

戦争の勝敗を決定づけたのは9月の平壌の戦いと黄海海戦であった。日本軍24万人に対し、清軍は63万人と日本軍は不利であったと言われたが、清国との戦争では、李鴻章の北洋陸海軍が要であると分析していたので、これを破り、勝利を収めた。

これ以降は講和会議が開かれるようになり、結果、1895年4月17日に日本の伊藤博文首相と清国全権の李鴻章との間で、下関にて日清講和条約が締結された。この条約は全11条よりなるが、主な条項は次のとおりである。

一．清国は朝鮮の独立を認めること。
二．清国は遼東半島、台湾、澎湖諸島を日本に譲り渡すこと。
三．清国は賠償金2億両を日本に支払うこと。

特に、朝鮮については、清国は「朝鮮国が完全なる自主独立の国であること」を確認するとともに、それを損なうような、朝鮮国から清国に対する貢・献上・典礼などは永遠に廃止することも取り決められたのである。

これによって、清と朝鮮の長きにわたる朝貢関係が終わり、朝鮮は完全な自主独立国になった。

しかし、日清戦争から約120年が経った現在、韓国と中国の関係はどうだろうか。中国がＧＤＰ

で日本を抜き世界2位になると、韓国内には事大主義が復活してきて、中国に寄りそう動きが目につくようになっているように思う。

●中国国内の改革の動き

いくら内憂外患の連続だったとはいえ、清王朝の弱体ぶりは目も当てられないほどである。その根本的な原因は、やはり宮廷内にあった。

病死した9代咸豊帝《かんぽうてい》は、亡くなる前に側室の懿貴妃《いきひ》が生んだ当時6歳の息子を10代同治帝として皇帝に即位させ、「同治帝が成人するまで正室と側室の2人の皇太后が後見人として補佐し、政務は重臣に任すこと」との言葉を遺していた。なお、2人の皇太后は、正室は東側の建物に住んでいたので「東太后」、側室の懿貴妃は西側の建物に住んでいたので「西太后」と呼ばれていた。この西太后は、悪名高い「中国三大悪女」の一人に数えられる人物である。彼女はその名に恥じぬ専横を行っていった。

まず、咸豊帝の弟と謀って政務の面倒を見ていた重臣を逮捕し処刑した。次に、同治帝が19歳の若さで亡くなると、後見人として実権を握っていた西太后は、自分の妹の子を同治帝の息子だといい、11代光緒帝《こうしょてい》として即位させた。

しかし、光緒帝は清王朝の将来に対して非常に不安であった。もちろんその原因は、阿片戦争、アロー号事件、清仏戦争での敗北、そして、天津条約などの不平等条約締結である。

そして何よりも腹立たしかったのは、日清戦争で敗れたことだった。東夷の日本に敗れること、これは中華思想を育み続けた中国人に、初めてそのあり方に疑問を抱かせた出来事であり、「師夷」「師倭」（西夷や日本に学ぶこと）の必要性を認識させることになった。光緒帝は国内近代化の必要性を痛感していたのである。

　そこで、光緒帝は国内に湧き上がってきた改革派の康有為《こうゆうい》の考えを支持し、科挙の廃止、近代的な学制の整備、新式陸軍の創設、議会政治の導入などにより改革を進める決意をした。これは「戊戌の変法」（１８９８年）といわれ、干支のひとつである戊戌の年にできたのでこう呼ばれている。政治制度を含めたシステム全体のことで、日本の明治維新に倣って清朝を強国にしようとする改革であった。また、康有為は経書から孔子教という宗教を取り出し、それを国教化して国家改革を行うという孔子改制説を唱えていた。

　ところが、権力を握っていた西太后は保守派を陰で操り、この改革を妨害し、光緒帝を監禁してしまった。命の危険を感じた康有為ら改革派は、日本の軍艦に乗り、日本に亡命した。

　このとき、亡命の手助けをしたのが伊藤博文だった。このクーデターの前日、伊藤博文は中国漫遊の旅をして、自分を歓待する変法指導者と会談をしていたのである。時期としては、第三次伊藤内閣

西太后（1835〜1908年）

の解散後だ。伊藤は、中国でも近代化の指南役と目されていた。

北京では「戊戌の変法」や康有為らの運動によって改革の波が押し寄せており、中国では、伊藤を中国に引き留め、顧問官に就任させようと計画されていたという。北京に入った翌日に、乾隆帝の曾孫で総理大臣の慶親王と会談した。

その5日後に光緒帝に謁見した伊藤は、清国維新派から維新の秘訣を聞かれたとき「まず、外国人を夷狄と呼ばないことだ」と忠告したという。

康有為から助けを求められ、亡命の手続きをとった伊藤だったが、なにも康有為の思想に同調していたわけではない。彼らの主張にあった「孔子教という宗教を国教化する」という行為についていかがわしさを感じ、距離を置いていたそうだ。伊藤が中国を日にして感じたことは、「政教分離」の必要性であった。

●義和団の乱と辛亥革命、そして滅亡へ

1860年の北京条約でキリスト教の布教が自由になったことから、外国人宣教師が奥地にどんどん入っていくようになった。特に山東省ではドイツの進出が目立っていた。ドイツは孔子の生地・曲《きょく》阜《ふ》がある山東省を特に重視し、そこに宣教師を派遣し重点的に布教活動をしていたようだ。

もともと、山東省には農民の間で、呪術的な儀式と義和拳という武術を習う土俗的な秘密結社が自然発生的に育っていた。ところが、そこにやってきた宣教師の布教活動には治外法権を利用した横暴

な振る舞いが目立ち、中国民衆との紛争が多発し始めていた。

反乱の発端は、村に建てられたキリスト教教会との衝突であった。その地の農民たちが、宣教師による布教を、外国人による侵略とみなし、反発したのだった。

襲撃を行った彼らは「義和団」と呼ばれ、山東省や北京近郊で1899年頃から猛威をふるうようになる。こうして、近代化の波が押し寄せてくる中、時代に取り残された庶民がアイデンティティを求めて暴力的排除主義を掲げたのが、「義和団の乱」（1900年〜1901年）であった。彼らの掲げた「扶清滅洋《ふしんめつよう》」（清を助けて西洋を滅ぼす）のスローガンは有名である。そうして外国人宣教師や中国人キリスト教徒を殺害しながら、大規模な武装排外運動に発展していった。1900年4月には鉄道、電信も破壊し天津と北京を占拠、北京では公使館地区を包囲した。反乱参加者は大半が20歳未満の男女で、その数は20万人にもなったという。

清朝政府は当初、列強の要請を受けて義和団鎮圧にあたっていたが、政府内にいた西太后は「扶清滅洋」のスローガンから、義和団こそ列強国に対抗できる援軍だと思い込んでしまった。義和団が清朝政府にも反対していることを知らずに、列強に宣戦布告したのである。

これに対して、連合8ヶ国（イギリス、アメリカ、ロシア、フランス、ドイツ、オーストリア、イタリア、日本）は共同出兵し、清に2万の兵を送り込んだ。

連合国側は7月に天津、8月には北京を占領し、清朝は全く歯が立たず降伏、西太后は光緒帝を連れ出し西安に逃れた。義和団も同時に鎮圧された。

１９０１年9月には、清王朝と連合国の代表の間で講和条約が結ばれた。清は4億５０００万両の賠償金を支払い、中国全土を列強の植民地として提供した。

なお、義和団の鎮圧後でも、ロシアと日本は清国内に残留し、朝鮮支配をめぐって日露戦争を引き起こしたが、中国は自国内で起こっている戦争をただ傍観することしかできなかった。

義和団の乱において、鎮圧のために中国・紫禁城に集う連合軍。

１９０８年、光緒帝は8年間にもわたる幽閉生活の末、37歳の若さで生涯を閉じた。その死因は、最近の調査でヒ素による毒殺だったと判明した。その翌日、西太后も亡くなった。

西太后は亡くなる前に、自分の甥の醇《じゅん》親王載灃《さいれい》の息子である溥儀《ふぎ》を清王朝の皇帝に指名していた。わずか3歳であった溥儀は中国王朝最後の皇帝宣統帝《せんとうてい》として即位した。

しかし、義和団の乱によって清の威信は失墜していた。西欧列強の中国進出も激しくなり、清国知識人の間では危機感が広く漂い始めた。

社会のそうした空気もあり、民の間で革命の必要性がささやかれ始めた。当時、ヨーロッパへの留学を認められていなかった中国の若者は、日露戦争で勝利をおさめた日本を留学先に選んだ。いや、日清戦争で中国が負けたときから、中国国内では同じ東洋の国である日本から学ぶべきことが多くあるという風潮が少しずつ広まっていたのだ。

１９０４年には中国からの留学生の数は2万人を超える。その中の１人が、孫文だった。

孫文は１８９７年に初めて来日し、その折に宮崎滔天《とうてん》や犬養毅らと会談をしている。１９０５年に再び来日した孫文は、宮崎滔天らの仲介で中国国内の革命3派を団結させることに成功し、革命結社の「中国同盟会」が組織された。リーダーは孫文となった。

この会は「民族主義・民権主義・民主主義」の「三民主義」を提唱し、「韃虜《だつりょ》の駆除、中華の回復、民国創立、地権の平均」を綱領として掲げた。

ところが、この革命結社は金銭面と革命路線の問題で空中分解してしまい、この時は大きな運動もないままだった。その後、革命勢力は何度か蜂起するも失敗する日々が続く。

そして、１９１１年、辛亥の年の10月10日に武昌《ぶしょう》（現・武漢）で、ついに反乱に成功した。武昌蜂起の報が伝わると、たちまち内地18省のうち14省の独立を誘発した。それらの省で都督府を掌握したのは、清朝の近代改革を求めた立憲派や、清朝の精鋭部隊である新建陸軍であった。これが「辛亥革命」である。

翌年、１９１２年1月1日、南京において、孫文を臨時大総統とする「中華民国」が誕生した。

しかし、孫文は中国の統一と袁世凱を首班とする共和政府の樹立に同意していたことから、その直

武昌にて砲撃の構えをとる革命軍の砲兵。この「武昌蜂起」が辛亥革命のはじまりとなった。

前に、袁世凱に対して「清の宣統帝の退位に賛成するのであれば、自らは辞任し袁世凱の就任を要請する」と発表した。

これを受諾した袁世凱によって宣統帝に退位勧告がなされ、翌月に宣統帝溥儀は退位し、清王朝はここに終焉を迎えた。宣統帝の退位後も、宣統帝や王室の人々も含めて、しばらくは紫禁城に住むことが許された。中華民国政府はそのために、毎年400万元の生活費を支出したという。

宣統帝のその後は、1932年に日本が建国した満州国の皇帝に担がれたことが知られている。第二次世界大戦では戦犯として逮捕された。

清王朝の終焉をもって、紀元前2000年頃に誕生した夏王朝から続いた、中国王朝4000年の歴史は幕を閉じた。ここまでの4000年の中国史を振り返って総括するならば、「暴虐と怨念を晴らす歴史」といえるだろう。それを支えた中華思想は、人間に対する尊厳と包容力が著しく欠けていたと言わざるを得ない。

その中華思想も清王朝の終焉とともに消滅したかに思わ

れたが、その精神と中国王朝の負の遺産は、現在の中国共産党政権に脈々と継承されている。

２０１４年３月、習近平国家主席はドイツのベルリンを訪問した際に、記者団から中国の不透明な国防予算について質問を受けた。それに対し、「中国は阿片戦争以降、列強の艦船や大砲の奴隷になった歴史的な悲劇を繰り返さない。中国は自らを防衛するための国防力を必ずや備える」と答えている。

復讐でも開始するかのように思えたが、私だけが敏感すぎるのであろうか？

第五章

新たな体制 中国共産党の誕生

16　中華民国の誕生

辛亥革命によって4000年にも及んだ中国王朝は終焉を迎え、中国大陸に中華民国が誕生した。とはいえ、大陸における中華民国時代はわずか37年間という短いものだった。その間に大陸は国民党、共産党、軍閥の三つ巴の戦場となり、それを好機と見て侵攻してきたのが、日本である。

この時代は、日本では大正初期から第二次世界大戦の終戦までの時代にあたる。明治末期頃から、日清戦争で割譲された台湾の植民地政策も軌道に乗り、また日露戦争で得た東清鉄道支線をもとに設立された満鉄経営にも乗り出し、軍部も有頂天になっていた。

そうして、1937年の盧溝橋事件を契機として、中華民国と戦争状態に入っていったのである。

●中華民国の誕生

清がまもなく滅亡しようかという頃、政治の内側に新たな人物の影が見えるようになった。北洋軍閥の袁世凱《えんせいがい》という人物だ。内戦ともいえる状況をおさめるべく応援を要請し、袁世凱もその見返りに総理大臣の座を要求して、清朝の実権を掌握していたのである。

袁世凱は、金銭で官職を買う制度「捐納《えんのう》」の方法で官吏になり、武官に転じた人物である。日清戦争で大敗した清の李鴻章はその責任を問われ失脚し、そのあと北洋通商大臣兼直隷総督の座を引き継いだのが袁世凱だった。袁世凱は陸軍を近代的な軍隊（新建陸軍）に変えた。このとき軍事顧問についていたのは、日本の青木宣純という人物だった。この軍隊が北洋軍の基礎となり、のちに北洋軍閥と言われるようになった。

一方、打倒清を掲げる革命軍側は、独立を宣言した14省をはじめとする、各勢力を統率できるような人材がいないことが問題だった。そこで、白羽の矢が立ったのが孫文であった。

孫文は、辛亥革命のとき、実は中国を追われアメリカのデンバーにいた。革命の報に接してから、急いで帰国していたのである。孫文は革命家として名があり、日本など外国からも支援を受けやすいということで、「中華民国」の臨時大総統に就任した。

しかし、新政府では内紛が絶えることがなく、また、清国軍を打倒できるような軍事力も有していなかった。そこで、孫文は就任後3ヶ月も経たないうちに、「清王朝の廃絶」と「共和国の樹立」の2つを引き受けてもらうことを条件に、袁世凱に新政権を明け渡した。そこから清王朝の終わりまでは、前項で記した通りである。

中華民国の首都は、南京から北京に移された。このときの政府は「北京政府」「中華民国政府」「北洋軍閥政府」などとも呼ばれる。

袁世凱は、「共和国の樹立」の公約を実行しなかった。中国初の国会議員選挙で第1党になった、孫文率いる国民党の弾圧に乗り出し、国民党員を次々に政府の要職から免職していったのである。国会は不法に解散され、孫文たち革命家はまたもや日本へ亡命せざるをえなかった。亡命生活は2年8ヶ月に及んだ。

1916年に袁世凱が亡くなると、帰国した孫文は広州に革命政府「広東政府」を樹立し、北部の軍閥を排除する行動に出た。1924年のことである。そのとき、共に闘ったのが、ソ連をバックに結成された毛沢東率いる共産党である。革命勢力の大同団結を図るため、毛沢東らは共産党在籍のまま中国国民党に入党した。これが第1次の「国共合作」である。

孫文（1866〜1925年）

そして、中国統一運動に対するソ連の支援も確約し、ソ連との連帯を鮮明にした。孫文は第3次広東政府の大元帥に就任した。

しかし孫文は、1925年1月に、軍閥との交渉のために赴いた北京で亡くなった。

孫文のイデオロギー「三民主義」は、「民族主義・民権主義・民生主義」の三本の柱からなるものである。民族主義は漢民族と少数民族とが共存する五族共和政策を、民権主義は主権在民と五権憲法による共和国政体の樹立を、民生主義は大土地所有と私的独占の制限、農地の再分配による地権の平等、貧富の解消と福祉の充実を掲げた。

これのもとになったのは、1905年に日本に亡命中の革命家たちが大同団結した際に作った4つの綱領「韃虜《だつりょ》の駆除、中華の回復、民国創立、地権の平均」だ。四つの綱領のうち「韃虜の駆除、中華の回復」は民族主義に当たる。韃虜はモンゴル人の蔑称である韃靼《だったん》人のことで、この場合、支配者の満州人を追放して漢民族としての民族独立を回復することであった。そして、5族（漢族、満族、蒙古族、ウイグル族、チベット族）で中華民族を形成するのであるが、中心はあくまでも漢民族で、他の民族は漢民族に同化されるべきとされていた。

漢民族の客家《ハッカ》出身である孫文の中華意識はなかなかのもので、「漢民族の力を世界に表明できなければ漢民族の恥辱である」と主張していた。また、当時の日本について「日本が富強になれたのは日本が古代から中国文化を移入し、その上に西洋文化を取り入れたためである」とも述べていたという。

●中国共産党の誕生

中国共産党が誕生したのは1921年7月23日のことで、辛亥革命から10年が過ぎていた。

第1回中国共産党全国代表大会は、上海で開催された。上海、北京、長沙、武漢、広東、済南の各グループの代表が2名ずつ、それと日本の代表1名の計13名に、コミンテルンの代表を加えて初めての会議が開催された。

その会議では、中国共産党の綱領と決議が採択され、共産党中央局を新たに設置し、中央局書記に陳独秀《ちんどくしゅう》が選出された。

陳独秀は多感な10代の頃に、清の康有為らが唱えた「変法自強運動」（西洋の政治制度を取り入れて清朝の政治改革を推進する運動）に熱中した。明治維新のような全面的改革が必要と感じた陳独秀は、1901年以降、日本で西洋思想や社会科学の諸理論、各種政治思想を学んでいく。

その結果、25歳の頃になると、「民族国家建設論」を唱えるようになった。一国の人民は、必ず同種族で同じ歴史や風俗、言語をもつ人民であるべきだというものである。民族が同じでないから別々の国家を建立することになるのだと言い放ち、大一統的多民族国家を否定していた。

日本への最後の留学のときに、後に中国のマルクス主義研究の第一人者となった早稲田大学在学中の李大釗《りたいしょう》に出会った。これがきっかけとなり、中国に戻ってから社会主義思想の普及に奮闘することになったという。

1916年には上海で出版社を立ち上げ、儒教批判、家父長制批判という当時にしては革新的な内容の雑誌「新青年」を発行する。それが功を奏して発売部数も急増し、1918年、中国国内に大きな衝撃を与えた小説「狂人日記」を掲載した。作者は魯迅《ろじん》で、人が人を食うことへの恐怖感を表現し、儒教倫理の虚偽を暴露するという内容だった。

こうした経歴があって、1920年6月には中国共産党上海グループと北京グループを立ち上げた。その年末に広東にも共産党組織をつくるために、広東軍政府から招かれて教育委員会委員長に就任し、広東省における共産党細胞組織の中核となったのである。こうした陳独秀らの努力により、各地に共産党の細胞組織が誕生し、全国代表大会が開催される運びとなったのだ。

中国共産党の創設に中心的役割を果たしてきた陳独秀だが、1927年、ソヴィエトから国共合作の失敗の責任を押し付けられ、書記の座から放逐された。その2年後、トロツキストに転向したことにより中国共産党より除名されている。

陳独秀がいなくなったあとの中国共産党を牛耳っていくのが、毛沢東である。

毛沢東は第一師範学校を卒業した後、北京大学図書館でアルバイトをしながら、師範学校時代の教授である楊昌済《ようしょうさい》の家に住まわせてもらっていた。ここでの毛沢東の仕事というと、大学教授が出入りする楊昌済の家のドアボーイである。毛沢東は、自分が知識人の眼中に入らなかったことにコンプレックスを抱き、それが後に知識人を迫害する復讐心と変化していくのである。

毛沢東が社会主義思想について学んだのは、その後、数人の仲間と上海の陳独秀を訪ねたときである。後年、アメリカ人のエドガー・スノーに語ったところによると、「一九二〇年の夏までには、理論的にも、またある程度実践的にもマルクス主義

陳独秀（1879～1942年）。写真は1937年頃のもの。

者になり、この時点から私は自身をマルクス主義者と考えて」きたという。（『中国の赤い星　上』エドガー・スノー著より）

１９２２年に開催された中国共産党第2回全国大会では、民族問題の基本方針を明確にした。国民党の「大一統」という思想、つまり「中国は漢民族を中心にした多民族国家で、様々な民族、言語、文化がすべて中華文明、中華世界のもとに一つに統合された天下統一の理想郷であり、中華と夷狄が混然一体と共存、対立する小宇宙世界である」という考えを否定したのである。

この考えは漢族中心主義に対する批判でもある。この頃の中国共産党の構想は、モンゴル、チベット、新疆（回疆）をそれぞれ「民主自治邦」とし、中心部を「民主共和国」として「中華連邦共和国」を構成するというものだった。つまり、少数民族をそれぞれ認め、それぞれが独立して自治を行うということである。

１９３１年に開催された中華ソヴィエト共和国全国大会でも、少数民族は自らの意思で連邦国家に参加するか否かの完全な決定権を持つ、と明記された。

ところが、１９４９年に中国共産党は全国政権を掌握すると、「少数民族を承認しない」共産党に変節してしまった。漢族中心主義へと変わり、「大一統」主義者の政権政党として出現したのである。

毛沢東の変節のきっかけは、１９３７年に勃発した日中戦争のようだ。日本に抵抗するため、モンゴルにも民族団結を訴えるようになり、その過程で各民族を包括した国家構想を持つようになったのである。孫文の民族主義とわずかに違う点は、漢民族中心主義を「多民族大家族」という表現で正当化したことだ。いかなる民族も、国家からの分裂を認めないという思惑がそこにある。

さて、一介の共産党員だった毛沢東が注目を浴びるようになったのは、1930年に起こったある事件からである。対立する国民党から押収した資料に、「共産党内にアンチ・ボルシェビキ団（AB団）の潜伏者がいる」という情報を見つけ、疑わしい同志の摘発に乗り出したのだ。ボルシェビキとは、1917年にソ連でレーニンが率いていた共産主義者のグループのことであり、つまりは「反共産主義」のことである。このAB団狩りによって、約10万人もの命が奪われたという悲劇だった。

その後も反共と疑わしい者には容赦なく制裁を与え、党員らに武力によって徐々に恐怖感を植えつけて忠誠を強いるようになっていくのである。

●内戦に敗れ台湾に逃げ込んだ蒋介石――国民党の動き

のちに中国国民党を率いる蒋介石が、初めて孫文に出会ったのは辛亥革命が起こった頃、1910年のことであった。孫文がアメリカから東京に入ったのを機に、日本陸軍に留学中であった蒋介石が東京に赴いた。蒋介石は、孫文の革命に対する情熱に大いに共鳴したという。

反共主義者の蒋介石は、かねてよりソ連と連帯し共産党を容認したことに対して、強く反発していた。孫文の死後に中国国民党の実権を握ると、第1次国共合作以来国民党内に共産党員が増えていることに危機感を抱き、1927年、上海で共産党員を掃討した。これが「上海クーデター」である。

これにより国共合作は崩壊し、共産党は南京の南西に位置する井崗山《せいこうざん》に拠点を移した。

蔣介石（1887〜1975年）

国民党は北伐を継続しながら、翌1928年に北京に入城し、北洋軍閥政府の「北京政府」を倒すことに成功した。その後、「南京国民政府」を樹立したものの、中国大陸の統一はとれておらず、国民党、共産党、軍閥（残党）の三つ巴の状態が継続した。そこへ侵攻してきたのが日本軍だった。

1931年の柳条湖《りゅうじょうこ》事件に端を発した満州事変以降、日本の関東《かんとん》軍は満州全土を占領し1932年に満州国を建国したのである。

満州がそのような状態になっても、日本という共通の外敵がいても、国民党軍と共産党軍との戦いは止むことはなく、むしろ激しさを増していた。

1934年、国民党軍は共産党軍に対して繰り返し包囲攻撃を行い、共産党が拠点にしていた江西省・瑞金から追いやった。ここからの国民党軍の行為は今から考えると適切ではなかったといえるだろう。

国民党は、共産党を撲滅するためと称して「たとえ間違えて千人を殺しても、一人の共産党員も逃すな」という指示を党員に出したのである。そんな国民党から逃げのびるために長征を始めた共産党員は、その途中でいくつかの村々に立ち寄った。行く先々の村で、農民を弾圧する国民党の支持者や地主を糾弾し、農民の憎悪感情を解放していった。長征をする軍隊の規律は徹底され、略奪もせず、農村側に配慮をしながらの逃避行だったという。当初30万人いた兵士は2年がかりで1万2500キロの「長征」を終えた時には、3万人しか残らなかったほど過酷な逃走だった。

そのうちに、1937年の盧溝橋事件が起こり、日本軍との日中戦争が勃発した。中国に攻め込む日本軍は拒絶され、中華民国国民からは激しい抗日運動が起こった。日本軍は民衆の憎悪の対象となっていったが、それは蔣介石の国民党も同様だったのである。

先に述べたような国民党による共産党の排斥姿勢のために、あらゆる地区で私的掠奪や虐殺が繰り広げられた。そのような姿に、民衆からの支持を失っていたのである。

民衆から見れば、日本軍と国民党軍に比べれば、共産党はまだ〝まし〟ということだった。毛沢東が率いる紅軍・共産党は設立当初から、規律は厳しくして「民衆のものを盗ってはならない」「壊したものは弁償せよ」「大便は便所でしろ」などの三大規律を厳守させていたことがあり、それが民衆から支持を受けることに繋がった。のちに、中国で共産主義革命が成功した陰の功労者は、日本軍と国民党軍であったと揶揄される理由でもある。

盧溝橋事件を受けて、蔣介石は日本軍と戦うために共産党と2度目の国共合作を結んだが、すぐに決裂した。このとき、毛沢東は裏で日本軍と共産党軍の停戦を申し込んでいたという。日本軍との戦いは国民党に任せ、自分たちはいざというときのために戦力を温存する算段だったのだろう。

国民党と共産党は対立を続けたままだったが、国際社会は蔣介石が率いる国民党政府を中国を代表する政府と認めた。１９４１年に日本と英米などとの間で戦争が始まると、中華民国は連合国の主要国として枢軸国と対峙し、中華民国を含めた3ヶ国から出されたポツダム宣言を日本が受諾したことで、中華民国は列強の一員のままに第二次世界大戦の終わりを迎えた。

日本が8月15日に玉音放送をする直前に、蔣介石は重慶中央放送から「抗日戦勝利」と題して、次のように中国国民に呼びかけた。

「同胞よ。旧悪を思わず、人のために善をなすということは、わが民族至尊至貴の徳性であって、我々は一貫して日本人民を敵としない、と声明してきた。（中略）報仇を企図してはならない。もしも、暴行を以って暴行に回答し、侮辱を以って誤った優越感に回答するならば、怨みは怨みと相報じ、永久に終始することはないだろう」

中華民国は、日本人に対して報復をすることはないと言っているのだ。また、中華民国に対する賠償金の支払いも免除された。その背景には、アメリカの要請があったかもしれないが、いずれにしても、蔣介石の発言は当時の日本人を感激させ、大国の度量の健在を認識させた。そして、軍人と民間人合わせて２００余万人の在留日本人の引揚げの協力も約束し実行した。

第2次世界大戦は終了したものの、中国国内では統一国家をめぐり国民党と共産党による対立が再燃した。アメリカの調停で一度は停戦したのだが、国民党が協定を守らなかったため、１９４６年6月より再び共産党と内戦状態に入った。

そんな中で蒋介石は１９４７年、国民政府の憲法を発布して、翌年に中華民国初代総統となった。しかし、前述の通りの私的掠奪、暴政ぶりだったために民衆の支持を失い、結局、軍規の厳正という1点だけで相対的に民衆の支持を受けていた共産党軍に敗れた。

１９４９年10月1日に中共（中国共産党）が成立し、同年12月に蒋介石は財宝を積み込んだ軍艦とともに台湾に逃げた。孫文の遺志を継いだ妻の宋慶齢は大陸にとどまり、台湾に逃れた蒋介石を裏切り者と激しく攻撃した。

17　経済大国への成長――中華人民共和国

戦後、日本はアメリカの庇護の下で、幸いにも国土復興と経済再建に専念でき、1968（昭和43）年には、GNP（国民総生産）でアメリカに次いで第2位となり、早々と先進国の仲間入りを果たすことができた。

しかし、同じく戦後に誕生した「新生中共」はまだ混乱の真っ只中にいた。大陸では毛沢東の政策の失敗から餓死者数が1500万人を超え、さらに、のちに起こる文化大革命や下放でも飢餓者数が2000万人を下らないという悲惨な事態に陥っていた。

幸いにして、今日では中国もGDP（国内総生産）で世界第2位になり、中国人も国際社会に登場する機会が大いに増えている。そんな彼らでも、その行動基準は論語の中にある孔子の「信じて古を好む」と「君子は器ならず」にあり、それを忠実に守っている光景がよく見える。

前者は「新しいものは認めないこと、即ち進歩しないことがよい」という意味、後者は「中国人は器（器物で一定の用途だけに使えるもの、つまり特別な技能の持ち主あるいは専門家）ではなく、周囲の人を徳によって感化すればよい」という意味である。
それに加えて、やはり中華思想もまた、根強く残っていたのだった。

●中華人民共和国の誕生

１９４９年10月１日、北京の天安門広場に30万人以上の群衆が集まり、毛沢東は「ここに中華人民共和国の成立を宣言する！」と叫んだ。

新生「中共」の首脳陣は国家主席が毛沢東、首相が周恩来であった。毛沢東の脳裏には、28年前の中国共産党第１回全国代表大会からのことが浮かんでいたことだろう。ただし、当時の参加者13名のうち、この記念式典に晴れて臨むことができたのは、毛沢東と董必武《とうひつぶ》（１９５９年副主席）だけであった。

1949年10月1日、中華人民共和国の建国を宣言する毛沢東

戦後の中国経済は朝鮮戦争という試練を受けながらも順調に回復し、復興期が終わった１９５２年には戦前の最高生産水準を超えた。

一方、この時代には憲法では信教の自由が保障されていたものの、寺院は封鎖され儒教も道教も否定され、共産主義だけが唯一絶対の国教となった。その結果、毛沢東だけが信仰の対象になり、毛沢東への個人崇拝も高められていった。これは毛沢東にとって好機だった。知識人への復讐をはたすときがきたのである。

スターリンに対して誤りを指摘し非難したフルシチョフのように、毛沢東を批判する人物を中国国内で探し出し抹殺しようと策略を練った。「百花斉放《ひゃっかせいほう》・百家争鳴《ひゃっかそうめい》」運動である。中共に対する批判があれば歓迎するとしながら、実際に批判をした知識人を反革命行為であるとして大弾圧したのだ。これは反右翼闘争と言われ、1957年には終息させたが、50万人以上の危険分子を失脚させた。

●大躍進政策と人民公社

毛沢東は、アメリカのジャーナリスト、エドガー・スノーに対して、自分の政治観を語った。

「個人崇拝は政治的には必要であり、中国には皇帝崇拝の伝統がある」

このように、毛沢東は人民に個人崇拝を求めていた。言ってしまえば、歴代王朝の統治者がそうであったように、自らも中華人民共和国の皇帝になることが毛沢東の夢だったのである。

すでに「百花斉放・百家争鳴」運動で暴虐政治の一端をみせた毛沢東は、さらなる悲劇を生み出していく。大飢饉で数千万人の大餓死者をもたらす、残虐で非道な行為が行われた。

戦後から10年近くが経つと、農民は重税から逃れて余剰農産物を売り、経済的に余裕が出てきた。それに対して、毛沢東は、農民が資本主義を復活させるのではないかという疑いを抱き始めた。

そこで考えられた制度が、「集団所有制」である。私有することを禁じ、その後に「全人民所有制」を定めた。いわゆる国有化である。そのためには、まず数戸の農家からなる互助組を発足させ、次に数十個の初級農業合作社に拡大させ、さらに高級農業合作社をつくるよう呼びかけ、最後にはこれを「人民公社」に発展させることを目標にした。

この人民公社を含む、1958年に始まった「大躍進政策」は、農業や工業において生産量を増やすことを目的にとられた政策である。

毛沢東はロシア革命40周年式典参加のためにモスクワを訪れ、各国首脳を前にして「我が国10年後には現在の7倍の粗鋼を生産し、15年後にはイギリスに追いつき、追い越すことができる」と宣言した。

こうした流れの中で、北戴河《ほくたいが》会議において「人民公社設立と1070万トンの鉄作り」が決定された。1070万トンというと、1957年の生産量の倍にあたる数字である。この決議が発表されると、11月初めまでの約3ヶ月間で従来の74万の農業合作社は2万6000の人民公社に改組され、人民公社加入農家は1億2000万戸に上った。

しかし、この頃からフルシチョフのスターリン批判と平和共存政策をめぐり、中ソは対立が激化しつつあった。そこで、毛沢東はソ連からの経済援助はいずれなくなることを覚悟し、中国だけで共産主義国家を建設しようと「自力更生」の方針を打ち出した。

しかしながら、始まってまもなく、それまでの農村のあり方は崩壊し、早くも混乱に陥った。大躍進政策によって24時間稼働の工場が出現すると、午後11時に退社し3時間後にはまた出社する労働者も現れ、製鉄原料に供出したせいで鍋や釜が不足し、炊事ができなくなったり、家屋や樹木を破壊して製鉄の燃料とするなどという、行き過ぎた大衆運動が全国的に現れてきた。その上、公社化に伴い、余剰農産物も公社のものとなってしまったので、農民は以前のように一生懸命働かないようになってしまったのである。

また、政策の一環として「四害駆除運動」が行われ、蝿、蚊、鼠の他に、「雀は害鳥であるから退治すべき」との通達が出された。駆除された雀は北京市内だけで3日間で40万羽にもなり、雀の死骸を満載したトラックが処理場所に向かって走る光景が見られた。しかし、雀は農作物につく害虫を食べてくれる。その雀がいなくなったことで、農業は大きな打撃を受けることになった。

１９５８年12月、この惨憺たる状況に疑問を抱いた国防部長彭徳懐《ほうとくかい》は毛沢東宛に意見書である「私信」を書き、問題提起した。彭徳懐の意見書には農民が極貧にあえぐ姿が生々しく描かれていた。

毛沢東は彭徳懐の意見書を党内部に回覧して、その反応から自分を批判する人物を探し出そうとした。また、対策の非を認めれば自分の失脚につながってしまう。よって、この問題提起をした彭徳懐がソ連のフルシチョフと会談していたとでっちあげて「今回の批判はソ連と内通した、右翼日和見主義者によるものだ」というレッテルを貼り、階級闘争を挑まんとしているとして彭徳懐は失脚させられた。彼に同調した者もまた、同様の処分を受けた。

いくら毛沢東が官僚を失脚させようと、大躍進政策や人民公社路線が失敗であることは火を見るより明らかだった。毛沢東は党の幹部会で批判され、１９５９年4月に劉少奇に国家主席の座を譲った。

大躍進政策がとられた期間に総生産量が65％も落ち込み、その被害は主に農村地区において深刻なものとなった。餓死者数は安徽省と四川省に特に多かったが、この期間全体の餓死者数は6000万人とも言われている。

これにより毛沢東の指導力は大きく揺らいだ。自分が逆風の中に立たされていると認識した毛沢東は、権力奪回の策を練り、「プロレタリア文化大革命」を起こしたのである。

●文化大革命と下放

文革へのプレリュードは、1965月11月、毛沢東の側近である姚文元《ようぶんげん》が歴史戯曲「海瑞罷官《かいずいひかん》」を批判したことから始まった。

この戯曲の内容は、明王朝大臣の海瑞《かいずい》が皇帝嘉靖帝に対して諫言《かんげん》したために官職を罷免されたというものである。それを現状に置き換えると、毛沢東の大躍進を批判した彭徳懐が罷免されたことを非難していると読み取ることができる。姚文元は、この戯曲は暗に彭徳懐を賛美して毛沢東を批判するものだと、作者である北京副市長の呉晗《ごがん》を批判したのだった。

翌年春には、文学者で全人代副委員長・郭沫若《かくまつじゃく》が、自らの作品の価値を自分で否定する「自己批判」が起こり、政治環境に暗雲が立ち込めてきた。

こうして、徐々に政治闘争化させていくのが毛沢東の得意技である。半年後の1966年5月、第8期11中全会で「中国共産党中央委員会のプロレタリア文化大革命についての決定」が採択され、ここから劉少奇や鄧小平《とうしょうへい》への批判が始まり、文化大革命も始まった。

毛沢東は、文革を始めた頃から、無垢で情熱的な青年学生を自分の手足となる兵士として利用しようと考えていた。そこで、まず精華大学附属の高級中学校（日本の高校に相当）の生徒に「造反有理（造反には道理がある）」のスローガンと赤い腕章を与えて、紅衛兵《こうえいへい》と名乗らせることにした。このモデルになったのは、清王朝末の義和団である。

ここから、紅衛兵運動は迅速に全国に展開された。その数は全国各地で100万人にもおよび、「旧文化、旧思想、旧風俗、旧習慣」の四旧の打破を叫ぶ北京の紅衛兵による、「赤い8月」が始まった。道路の名は「革命路」「人民路」などに改められ、北京市内の各教会は破壊され、外国籍の尼僧は国外に追放された。そして、多くの知識人の家を勝手に捜索し、「妖怪変化」の名札をぶら下げさせて街頭を引き回した。

中でも、北京市長の彭真《ほうしん》の引き回し写真が報道されたことは、世間に大きな衝撃を与えた。副市長の呉晗も捕らえられ、獄中で亡くなった。

紅衛兵の襲撃は文化遺産にも及び、日本軍でさえ手をつけなかった孔府も荒らされ、国宝級の文献が灰になり、孔子の墓石も打ち壊された。

こうした紅衛兵の悪行は翌年まで続いていたが、内部分裂による闘争に手を焼いた毛沢東直々に引導を渡され、次第に沈静化していく。1968年末に毛沢東が「知識青年が農村に行き、貧農下層中農の再教育を受けることはとても重要である」と呼びかけると、下放運動が巻き起こり、紅衛兵運動は終焉した。

利用価値がなくなった紅衛兵たちは、農村や辺境に下放させられることになった。１９６８年から１９７７年までの10年間に全国で下放した知識青年は約１６２３万人にもなったという。しかし、自給自足の生活になじめず、食糧、住居、医療などの面で特に問題が大きかった。

また、この間は、中学校以上のほとんどの学校が閉鎖されていたために、当時の人民の大部分は中学以下の学力しかない。その後遺症は現在もまだ尾を引いており、１９８２年の政府発表によれば、中国には2億人以上の非識字者がいたという。

大躍進政策が始まった１９５８年から文革が終結した１９７７年までの約20年間の、人的及び物的被害は途方もない規模だった。初期の3年間に中国全土は大飢饉に見舞われ、餓死者が２０００万人を下らないとの推計があるが、これは鉄鋼生産が全てに優先し、農作物の手入れや収穫ができなかったことが原因の人的災害によるものであった。

こうした甚大な犠牲が払われたにもかかわらず、鉄鋼業で生み出された鉄のほとんどは、使い物にならないくず鉄ばかりだった。

このような悲劇を生むばかりに終わった文革だが、その初期には、毛沢東は人類最大の革命家で最も赤い星と持ち上げられていた。まるで「天国はすでに近くにあり」と言わんばかりに世界から注目され、哲学者や思想家からも賞賛された。当時の日本人も中国のプロパガンダを疑うことなく、１９５０年代から１９７０年代の文革の終結に至るまで、中国は憧れの国、理想の国で「蚊も蠅もネ

下放させられる紅衛兵たち

ズミも泥棒もいない地上の楽園」だと信じていたものである。

毛沢東は、大躍進政策や文革を通して自国の「自力更生」を掲げ、「人類の楽園」と言われる社会主義社会の建設を目指していた。結局は、ソ連からの核攻撃に備えてシェルターを作り、経済面では自給自足の鎖国経済を推進するだけであった。

それは、戦乱の後に必ず登場してくる道家の、老荘思想の「無為」に通じるものがある。

毛沢東は孔子を批判し、儒教に関するものを破壊していった。それによって、中国民衆の意識の底にある「道教的風土」を掘り起こし、老子の理想郷を創ろうとしたのではないだろうか。それは「舟も車も文字もなく、自給自足による最低限の衣食住に満足し、その地で生まれ、その地で育ち、その地で死んでいく」という理想の国である。

そのため、「理論的にも、またある程度実践的に

も マルクス主義者」と自負する毛沢東の独裁を、「彼は真のマルクス・レーニン主義者ではなく、孔孟の道を行うものであり、マルクス・レーニン主義の衣を借りて、秦の始皇帝の法を行う、中国史上最大の封建的暴君である」という非難の声もあった。

結局、１９７６年に周恩来と毛沢東が相次いで病死し、翌年7月に失脚していた鄧小平が復活したことで、同年8月、中国共産党は第11回大会で「4人組粉砕をもって文化大革命は勝利のうちに終結した」と宣言した。

文革の目的を端的に言えば、ある程度権力を持っている政治家や知識分子を抹殺することであったが、特に毛沢東がターゲットにしたのは資本主義的手法を取り入れて経済改革開放を行っていた劉少奇と鄧小平であった。

けれども、社会主義経済を理想とする毛沢東の指示に従えば、中国は再び飢饉に陥った。鄧小平らが生死を賭けた抵抗をして改革開放をやめなかったからこそ、疲弊した中国は飢饉から救われた。

振り返ってみれば、毛沢東政権は中国の伝統的な王朝政権とほとんど変わりなかった。道教に凝り老子の世界を追い求める「毛沢東皇帝」による、共産党王朝政権だったのである。

●尚古主義（停滞思想）に生きる世界第2位の経済大国・中国

しかし、また汚職と特権行為が蔓延し始めていた。

中国が社会主義市場経済化を目指したのは、鄧小平《とうしょうへい》が１９７８年に打ち出した改革開放路線からであった。農村における人民公社の解体、経済特区の設置などの政策によって、1980年代以降の中国経済の発展ぶりはまさに目覚ましいものがあった。「白い猫でも、黒い猫でも、鼠をとるのが良い猫だ」という鄧小平の言葉は有名である。鄧小平のそれまでの経済政策が、毛沢東の方針に反する政策だったために共産党内で反論を受けたが、「より良い方法があるならそちらを採用すればよい」という意味をこめての発言だといわれている。

21世紀になると、その発展の速度はさらに高まり、その10年余の間、一貫して年率10％前後の経済成長を続けてきた。その結果、中国は、2010年にはGDP（国内総生産）で5兆8786億ドルとなり、日本を抜いて世界第2位の経済大国になったのである。

とは言っても、1人当たりのGDPでは、中国は日本の12分の1程度である。それに加えて中国国内で深刻な問題となったのが、貧富の格差だ。都市部と農村部、経済特区のある沿岸部と内陸部における所得の差はますます広がるばかりで、官僚による汚職が横行する原因になったことは間違いない。

いずれにせよ、中国は経済大国であることを背景に、国際社会の中で大国として振舞っているが、粗暴な振る舞いが国際社会で物笑いの種になり、中国人自らの手で中国という国を侮辱していることに気づいていない。どの国でも国際社会に登場した時には、国際ルールについて不勉強で戸惑うことがあるのが一般的であるが、中国の場合にはもっと根源的な遺伝子ともいえるものがある。

それは何だろうかと探索していけば、孔子の尚古主義（停滞思想）を忠実に守っていることに辿りつくのである。

鄧小平（1904〜1997年）

鄧小平は社会主義市場経済の名のもとに、経済では資本主義を認めて市場経済化に成功し、国際的に高い評価を受けていた。だが、その政治手法は毛沢東以上の独裁者と呼ばれ、かつての中国王朝皇帝の強権政治となんら変わっていない。

高度経済成長が続き、豊かさを実感し始めていた1989年、ある事件が起こる。学生が中心となって「官倒《クァンタオ》」（官僚打倒）を叫び、汚職や金儲けに走る官僚に抗議するデモが行われ、民主化を求めて天安門広場を占拠した。政府はこのデモに危機感を抱き、人民解放軍に戦車を出動させ民衆を制圧したのである。「天安門事件」だ。あまりの残虐さに国際批判を浴びた。

このときに学生が要求したのは、最後の皇帝として君臨する鄧小平の「人治」に対する「法治」である。権力を持った人の恣意によって政治が行われている現状ではなく、法という客観的な基準による政治を求めたのだ。共産党に対する信頼は堕ちる一方だった。

これに対して、政府は儒教を持ち出して、秩序ある行動を求めた。中国は危機に陥った時には、必ずその独裁を支えるために儒教の階層秩序の道徳を持ち出してくるのだ。孔子の「孝」の思想は本来親と子の間柄にあるべきものだが、これを拡大すると君主と臣下の間柄にもあてはまる。するとそこに「忠」が生まれる。この道徳は独裁政治にとって好都合だ。それを、いまだ忠実に守っているのである。

もちろん、それは江沢民、胡錦濤、習近平以降の体制でも継承された。

孔子の尚古主義に基づく思想は、外交においても適用されている。日本に対しては特にそうだ。

日中平和友好条約が結ばれて20周年にあたる１９９８年11月、中国史上初めて、国家元首である江沢民が日本を訪問することになった。

そこで日本の通産省は、20周年記念として中国に対する火力発電の支援策を提案した。温暖化の原因となる二酸化硫黄を取り除く装置（1基あたり14億円）１０００基の設置を支援すると申し出た。

来日した江沢民国家主席はこれを聞き、感謝の言葉を述べることなく、「評価する」とだけ言った。そこには対等な関係はなく、「皇帝」の言葉があっただけであった。

江沢民はとにかく日本を非難する発言が多く、宮中晩餐会でも、早稲田大学の講演でも、過去の戦争における日本の行為と、それを伝える歴史教育について苦言を呈した。親であり君である中国に対し、子であり臣である日本が侵略してきたことは「礼」に反する、とでも言っているようだった。

ここまで日本のことを悪く言ったのには、ある背景があるようだ。江沢民の父は、戦前、日本の傀儡政権となっていた王兆民率いる南京政府のスパイ機関に、宣伝部副部長として勤務していたことがあった。この事実が露呈しそうな時だったので、自分は売国奴ではないことを訴えるために、反日演説をしてカモフラージュしていたのだ。中華思想に染まっている中国強硬路線派に対する牽制である。

時を下って2010年、温家宝首相が来日した。この年、中国が初めて日本を抜いてGDPで世界2位になった。それでも温家宝は、1人当たりに換算するとまだまだであり、日本から学ばなければならない社会システムはたくさんあるとあくまでも謙虚な姿勢を見せた。その友好的な中国首脳の態度から、これからの日中関係の将来は明るいと誰もが思ったはずである。

2012年、反日スローガンが掲げられた中国の車。上段には「哪怕华夏遍地坟，也要杀光日本人（中国人が死のうとも、日本人も殺す）」という過激な文章があり、中国人を表す言葉に「華夏」が使われている。（© 浪子小李 and licensed for reuse under Creative Commons Licence）

ところがその2年後の2012年9月、胡錦濤国家主席はAPEC（アジア太平洋経済協力会議）の場で、野田首相（当時）から尖閣諸島の国有化を伝えられると、面子をつぶされたと非常に怒ったという。

この時より、中国では温和な外交では他国になめられると言わんばかりに、強硬路線派が台頭し始めてきた。中国各機関紙はまるで「宣戦布告」のような強い抗議声明を出し、デモの規模は大きくなっていった。その中に「小人」、「猫」、「東洋鬼」などのプラカードを掲げた若者が多く見られたように、これまで中国で行ってきた「華夷之辨《かいのべん》」（＝中華思想）教育による思想が浸透していた。

中国が尖閣諸島の領有権を主張する根拠も、中国の王朝時代に「版図」を描き自国の領土としていた手法に基づいたもので、国連に尖閣諸島周辺海域を領海とする中国でつくられた海図を提出した。現在でも、世界は版図によって国の領土を決めていると思っているのだ。

２０１２年11月8日から開催された中国共産党第18回全国代表大会で、習近平総書記を中心とする新指導部が発足した。習近平の所信表明は、国民の所得倍増、格差の是正、汚職の取締り、権力に対する監督の強化といったものであった。この所信表明の中で繰り返し登場していた「中華民族の偉大な復興」という文言からは漢民族を鼓舞しナショナリズムのもとに結集させようとの意図が見えた。

ご存じのように、現代では多くの国家が成文法を基礎とした法治国家である。しかし、中国では、国家の政治理念として「徳による人治政治」を掲げているので、依然として罪刑法定主義が定着していないのが現実の姿である。

また、ＧＤＰで世界第2位になったからか、中国は鉄道や原発、港湾などのインフラ輸出にも熱心に取り組むようになった。

しかし、中国の高速鉄道にまつわる事故やトラブルのニュースはなかなか絶えることがない。昨年も、インドネシアの高速鉄道計画は、土壇場で中国の「インドネシア政府の負担ゼロ」という案で中国案が採用されたが、事業調査については、日本が使っていた地元コンサルティング会社と契約し、わずか3ヶ月で提案書を出してきたといい、データの盗用疑惑が指摘されている。また、起工式から１ヶ月が経ってもまだ着工されていないという。

他にも、フィリピン、トルコ、ペルーなどにも売り込みをかけるなど、その姿勢はかなり積極的だ。

その理由だが、中国では、２００６年以来9年間でなんと1万３０００キロメートルにも及ぶ新幹線ルートを敷設している。これだけ造ってしまったので、労働力、設備、車両の全てが過剰となっており、設備や車両を処分するために赤字覚悟で海外市場に売りまくっているのだ。

全てに計画性がなく、やっても約束を守らない、使用者側のことなど一切考えていないなど多くの問題点が残されている。この背景には孔子の「君子は器ならず」との言葉を忠実に守ってきたことが大いに影響している。

中国人はみんな君子であり、ひとつのことに偏ることなく、幅広くその能力を発揮すればよい。器、すなわち専門家である必要はないということだ。

●中国共産党王朝政権の政治理念

中国の政治観は、我々が学んだ民主主義と大いに異なる。民主主義とは、国民に主権があるから、国民あるいは国民が選んだ議員が、何が正しいかを決めていると教えられた。その意味で主権在民である。

ところが、中国においてはそうではない。「無能な人民では決められないので、賢人が民衆の幸せのために〝至善の政治〟で決める」となっている。賢人とは選ばれたエリートの共産党のことだ。つまり、中国の政治は、国民の6％前後で構成される「賢人集団」である、中国共産党の1党独裁によって行われているのだ。ちなみに、共産党員の数は１９４９年の建国当時は約４５０万人でその多くは教育水準の低い農民、労働者、兵士だったが、2011年末には8260万人にまで増え、知識人層の比率も35%と増大している。

中国共産党は、党規約に「党の最高理念と最終目標は共産主義の実現である」と定めている。そして、その後に、マルクス・レーニン主義に次いで歴代の国家主席の指導思想が盛り込まれていくのが慣例となっている。

胡錦濤が引退した後には、「マルクス・レーニン主義、毛沢東思想、鄧小平理論、江沢民の指導思想・三つの代表、そして、胡錦濤の科学的発展観」と記された。「三つの代表」とは、「中国の先進的な社会生産力の発展の要求」「中国の先進的文化の前進の方向」「中国の最も広範な人民の根本的利益」のことで、「科学的発展観」とは「全面的で均衡のとれた、持続可能な発展観を打ち立てる」ことである。

このように、中国は共産主義を掲げる国家である。だから、党規約に「中国はいまだ社会主義の初期段階にある」という自己規定も残っている。

ところが、社会主義市場経済を推進してきた結果、貧富の格差が生まれてきた。それでもこれを容認し、しかも資本家の入党さえ解禁している。このような段階では、共産主義社会はもとより社会主義社会さえも、輪郭が曖昧になってきてはいないだろうか。

マルクス主義者によれば、社会主義ではなお階級が存在し、またその過程では、国家はまだ完全に死滅することなく存在するとなっている。そして、国家が完全に死滅するためには、完全な共産主義が必要とされている。だから、前述の通り、中国はまだ社会主義の初期段階にあるとすれば、階級も国家も存在することになる。

けれども、中国共産党は、いずれ共産主義が実現された暁には国家もろとも、その中にある共産党も死滅することになると知っている。だから、あらかじめ社会主義の段階から、国家の外に存在し外から指導しているのだ。

国家の外にいて、外から指導している共産党員は、国家の法律を守る義務がある一般人民と異なり、党の規則に従う義務はあっても国家の法律に従う義務はない。同じ罪を犯しても、党の規則に従うと量刑が軽くなり、告訴さえ免れるのである。

かくして、数々の特権が与えられている共産党員は、選ばれた賢人として民衆の幸せのために政治を行う、「賢人支配の善政主義」がとられているのだ。

「賢人集団」と自負する共産党の「政治理念」は、論語で孔子が言う「政は正なり」のごとく、正しい政治理念を実現することとされている。「正しい」とは儒教の「仁・義・礼」に基づく伝統的な道徳や価値観に由来するものである。

そのような政治理念を実現するには、指導者は、学識、人格とも最高の人物で徳目をつんだ人物でなければならない。言いかえれば、徳による「人治政治」である。「聖人君子」の政治である。誰が悪い人か、誰が良い人かを決めるのは、無能な人民ではなく、賢人集団の共産党だ。

共産党を「天命」と言い換えれば、易姓革命と同じ考え方である。しかも「マルクス主義と儒教」の類の本が出回っていて、マルクス主義と儒教とは矛盾しないと強調されている。このように共産主義国家と言っても構造面では過去と同じ王朝国家に化粧を施したに過ぎない。

●厄介な隣国と付き合うには

中国は未来永劫、日本の隣国である。日本はこの厄介な国と永久に付き合っていかなければならない。どんな感情を中国に対して抱いていようと、付き合わないで生きていくことは不可能である。ジェトロによれば、2012年の日本の対中貿易総額は約3337億ドルで、輸出額では約1448億ドル（シェア18％）、輸入額では約1890億ドル（シェア21％）と、輸出入とも中国が1位である。

一方、中国から見ても、従来の労働集約型から産業構造のレベルアップをしていくには、日本の高い技術力の導入が不可欠である。

振り返ってみれば、日本と中国の正式な国交は、20世紀になるまで存在しなかった。600年の遣隋使派遣などがあるが、当時のやり取りを「国交」と言うべきか判断しかねるところであるし、当時は頻繁に断絶もしていた。

中華人民共和国との国交が正常化したのは1972年のことで、1949年の中国建国から23年間、日本と中国は絶縁状態であった。

この間、日本人は「本当の中国と中国人民」のことを知らなかった。終戦後しばらくの間、北京からラジオによって日本語放送されていたプロパガンダを疑うことなく、新生中共という国は「蚊も蝿もネズミも泥棒もいない地上の楽園」の国と信じ込み、「論語」や「漢詩」から文化的に洗練された美しい中国というイメージを抱く。それを教える先生たちも中国を「聖人の国」「道徳の国」と信じて指導していた。当然のことながら、中国人は漢文が読めて書けて、しかも信義や礼に篤い国民なのだろう。そう思っていた。

ところが、調べていくと漢文は中国人民のものではなく、皇帝と官僚が使う専用の書き言葉で、過去から連綿として変わらぬ「正統の世界」を書き残すためだけのものであった。漢文について一般の中国人は全く理解できず、現在使っている中国語とは全く無関係であることもわかった。

いざ中国を正面から見据え、漢籍を通じて身に付けた中国イメージを探し求めても、どこにも見当たらない。見当たったのは、油断も隙もならない中国人ばかりであった。

今までの中国イメージは、遣唐使に始まり、そして明治以降、多くの日本人が漢籍を大陸より持ち帰り読み込んで作られたイメージである。

この際、全部のイメージを捨て去ることである。今後も中国と対等に付き合っていくには、民主党政権時代のように中国に媚を売るのではなく、真実の中国４０００年の歴史に関する教養を身につけることが必要だと考える。それによって真の日中友好が実現することだろう。

それには、中国人の性格を十分知っていた方がよい。

中国の戦国時代には、生き残り競争に勝つために兵法が発達したが、孫子が「兵は詭道《きどう》なり」（戦争は「詐欺の道」）と言っているように、参戦している人民も「詐（だます）」の術を実戦で学びとっていた。この「人をだます」術は、後に中国人の気質の最大の特徴となった。

その主な術に「指桑罵槐《しそうばかい》」と「面従腹背」がある。

「指桑罵槐」とは、中国兵法書「三十六計」計略のひとつで、「桑を指して槐《えんじゅ》を罵ること」という意味だ。桑と槐《えんじゅ》は全く似ていないことから、本来攻めるべき相手を直接攻撃するのではなく、別の相手を批判攻撃することで、間接的に本来攻めるべき相手の心をコントロールしようとする。

かつて、人民解放軍が、日本政府が教科書問題で侵略を進出に書き換えた（これは誤報であった）と、日本バッシングをしたことがあるが、彼らが本当に攻撃したがっていたのは当時の最高実力者であった鄧小平だった。中国からの非難の裏には、必ず何か本当のねらいが隠れている。

また、「面従腹背」という言葉は本書でこれまでに何度も使ってきた。表だけで従い、本心では反発しているというのはよくあることである。

中国人との約束が果たされなかったとき、日本人は「中国人に裏切られた」とか「中国人は信用できない」と嘆きや恨みを持つことが多い。しかし、それは日本人が中国人に対して「日中は理解しあえる」などの過剰な期待や幻想を抱いているだけで、中国人の「面従腹背」という本質を知らなかったことが原因だと考えるのがよいだろう。

また「乾杯」にも気をつけたほうがよい。例えば、日本の企業が中国企業と取引などしようと中国を訪れると「ニーハオ、ようこそいらっしゃいました」と、抱きついたり握手したり熱烈歓迎される。

そして、盛大な歓迎会が連日連夜開かれ、総裁や副総裁、ほか各位が料理を皿にとってくれたり入れ替わり立ち替わり寄ってきて「乾杯《カンペイ》、乾杯」と、杯を干すことを求められる。

紹興酒の乾杯で撃沈する日本人も多いが、宴会は自分が立派な人間であることを証明するための「戦いの場」ととらえている中国人の前では、絶対に酩酊した姿を曝さない方がよい。

そして、挨拶や「ありがとう」という感謝の気持ちがないのが一般的な中国人である。これも、中国人には戦国時代からDNAとして組み込まれているわけであるが、戦国時代に他人に親切であることは弱みになったので、それはタブー視され子供時代から教育されて育ってきたという背景がある。とはいえ現代においては、挨拶や感謝の言葉が自然と出せる中国人も増えてきている。

最後に、「恨みの連鎖では何も生まれない」ということを諭した方がよい。

現在、テレビに登場する中国政府報道官の印象について述べると、強硬かつ横暴で、過度に緊張したような喧嘩腰な話し方をしている。そんな態度に驚く人もいるだろうが、これは報道官に限らず中国人全般について言えることだ。自分に都合の悪いことを言われると、すぐに怒る。どのような批判だろうと受け付けないし、批判めいたことを言われると、彼らは怒るか、あるいは無視してしまう。

これも儒教的行動が関連するとも言われているが、そうではなく、２０００年以上にわたる戦争、内乱、侵略、殺戮、粛清が続いた結果のトラウマ（精神的外傷）の現象が出ているのである。

感情的に言われたからといってこちらも感情的に反論するのは賢くない喧嘩の方法だ。感情そのものが悪いものではない。感情に流され、理性的に判断しないことが悪いのである。感情に流された時の間違った判断が恨みを呼び、さらに恨みを果たす応酬合戦になり、中国歴史の再現になってしまうことは、ここまでお読みいただいた読者の方にはお分かりいただけることだろう。

●おわりに

中国はこれからどうなっていくのだろうか？

「中国共産党王朝政権は崩壊する」と危惧する識者の意見が圧倒的に多い。それは、過去の王朝が崩壊する直前に見られた兆候が出現しているからである。

中国の歴代王朝の変遷を振り返ると、末期になると帝位争いに始まり、宮廷内の権力争いが相次ぎ、その影響が地方政治まで及び、それに不満を抱く農民が反乱を起こして「易姓革命」を大義に新しい王朝が誕生してきた。その歴史が4000年間も繰り返されてきたのである。

2008年、アメリカに端を発したリーマンショックは、昇竜の勢いであった中国経済をも襲った。この時、中国政府は景気後退を防ぐため「4兆元」の大規模景気刺激策を実行した。この刺激策が狂乱投資ブームを呼び起こし、銀行も空前の金融緩和を行う。その結果、過剰投資と過剰債務を招き、それに連動して物価が上昇、シャドーバンキング（影子銀行）まで登場し、国営メディアも投資を大いに推奨していた。国民もこのブームに乗り遅れまいと借金をしてでもマンションなどへ高額の投資を行った。

しかし、不動産バブルがはじけ始めると、国民の不満は体制批判に向いた。不況の波は他業界にも押し寄せ、中国政府は景気減速に対して、過剰設備の廃棄、不動産在庫の削減、金融リスクの防止、企業のコスト引き下げなどのあらゆる対策を打ち出し、どうにか軟着陸するべく模索を始めていた。

そんな折、習近平政権にとって官製バブルが破裂した中国市場から国民の目をそらす絶好のチャンスが到来した。２０１５年9月3日の「抗日戦争勝利70周年記念式典」である。ここで軍事パレードを大々的に演出することで、国民の意識を「反日」に転換させようとしたのだ。

しかし、その軍事パレードを控えた8月12日に、天津港倉庫での大爆発が起きた。翌13日に習近平の天津視察が予定されており、習近平暗殺を狙ったテロという見方が事故後に報道された。このテロとみなされた爆発事故は軍事パレードの直前だったため、影響を懸念してか報道が規制され、真相が公表されないままになっている。

その後も化学工場などでの爆発事故が立て続けに起こり、8、9月で10件の事故が発生した。そして、9月30日には広西チワン族自治区の柳城市で、政府庁舎や病院、スーパーマーケットなどを狙った連続爆破テロが起きた。この時当局はテロではなく、病院に恨みを持つ者の犯行という発表を行っている。

結局のところ、反日軍事パレードに国民の目を向かせようとしたが、逆に国内騒動に目を向かせることになってしまった。

こうした状況下に置かれる習近平政権が、最も神経をとがらせているものの1つがテロリストである。ＩＳＩＳ（イスラム国）には３００名の中国人（ウイグル族）が加わっているとされる。このウイグル族の他にも中国国内にいるチベット族、モンゴル族、回族（イスラム系）が、陰に陽に独立を主張している。こうした動きを見れば、中国の治安は極めて不安定な状況で、指導層への暗殺もしくは政権転覆のクーデターの可能性が以前より増していることがわかるだろう。

さらに外に目を向ければ、中国が中華思想を背景にした軍事的覇権の確立を急いだことによって、アジアから中東までのいくつかの国において中国への嫌悪感は高まり、中国排除の動きが加速し始めている。中国企業が展開するアジアにおけるインフラ建設では、現地で工事の延期やトラブルが後を絶たない。すでに、世界に「安かろう悪かろう」の中国製のイメージが浸透しつつあり、経済再建には暗雲が漂い始めている。

ここで、景気の減速が引き金となり国民に反乱を起こされたら、政権の維持どころではない。共産党王朝政権が崩壊することになる。だから、失速する経済を軟着陸させることとテロ対策には神経をとがらせている。そのためにはどんな手段も選ばないというスタンスだ。

では、我々日本人はどのような姿勢で中国に向き合うべきだろうか。中国の反日路線に振り回され、日中交流が冷え込むのはお互いにとってマイナスである。

幸いなことに、多くの民間人によって日中友好の懸け橋が着実に築かれている。

中国人が開かれた国際社会に登場してから、まだそれほど長くはない。自国の文明が優位であるという自惚れに加えて、国際社会のルールについて無知であるから、諸外国との軋轢が多い。しかも、「他の国々にも受け継がれてきた誇らしい伝統がある」ことも「異なる文化をお互いに理解し共有することから全てが始まる」ことも知らない。「他人は全て敵」とみる恐怖感がそうさせているのだ。

あらゆる情報を手に入れやすくなった現代において、「互いを知る」ことは何より重要だ。何かについて、誰かについて、知れば知るほど恐怖感は消えてゆくものだ。それを他人と共有できれば、恐れる必要はなくなる。そして、彼ら中国人も、「他人に親切であること」「挨拶をすること」は何ひとつ弱みにならないと気がつくはずである。「尊厳と包容力をもって人に接することが、いかに人間を豊かにするか」に気付いた中国人を、私は何人も知っている。かといって、殺戮と粛清の４０００年の歴史が中国人民にもたらしたトラウマはそう容易く癒えることはないであろう。

しかし、このように民間人である我々が日本精神で中国人と交流し続けていけば、日中友好の輪はどんどん広がっていくであろう。その結果、いずれかの時代に、かつて国際都市・長安が世界各国から渡来した人々で賑わっていたような時代が訪れれば、全人類の利益にかなうことになる。その唐王朝を築いたのは漢民族ではなく鮮卑族だったが、「尊厳と包容力」を持つことができればその点も取るに足らない問題となるだろう。

最後に、編集にあたっては、本井敏弘編集長、編集部の栩兼紗代さんに読者が読みやすい文章の流れを構成するよう指導していただき、記述内容の入念なチェックに加え、写真資料の提供についてご尽力いただきました。ここに厚く御礼申し上げます。

平成28年4月吉日　薩摩 雅隆

【主要参考文献】

『最澄と空海』（梅原猛、2005年、小学館文庫）／『歴史と風土』（司馬遼太郎、1998年発行、文春文庫）／『アジアの中の日本』（司馬遼太郎、2006年発行、文春文庫）／『宗教と日本人』（司馬遼太郎、2006年、文春文庫）／『「明治」という国家』（司馬遼太郎、1989年発行、日本放送出版協会）／『明治精神史（上・下）』（色川大吉、2008年発行、岩波書店）／『明治精神の構造』（松本三之介、1993年発行、岩波書店）／『西国立志編』（サミュエル・スマイルズ著・中村正直訳、1981年発行、講談社学術文庫）／『伊藤博文』（瀧井一博、2010年発行、中公新書）／『毛沢東 日本軍と共謀した男』（遠藤誉、2015年発行、新潮新書）／『中国の赤い星』（エドガー・スノー著・松岡洋子訳、1995年、ちくま学芸文庫）／『中国共産党を作った13人』（譚璐美、2010年発行、新潮新書）／『毛沢東』（竹内実、2005年、岩波新書）／『文化大革命』（矢吹晋、1989年、講談社現代新書）／『文化大革命と現代中国』（安藤正士・太田勝洪・辻康吾、1986年、岩波新書）／『「中国の終わり」にいよいよ備え始めた世界』（宮崎正弘、2015年発行、徳間書店）／『中国停滞の核心』（津上俊哉、2014年発行、文春新書）／『中国王朝四〇〇〇年史』（渡邉義浩監修、2012年発行、新人物往来社）／『この厄介な国、中国』（岡田英弘、2001年発行、ワック）／『これが中国人だ！』（佐久協、2008年発行、祥伝社新書）／『真実の中国4000年史』（杉山徹宗、2004年発行、祥伝社黄金文庫）／『台湾は中国の領土になったことは一度もない』（黄文雄、2008年発行、海竜社）／『本当は怖ろしい韓国の歴史』（豊田隆雄、2015年発行、彩図社）／『儒教とは何か』（加地伸行、1990年、中公新書）／『儒教の毒』（村松暎、1994年発行、PHP研究所）／『史記の風景』（宮城谷昌光、２０００年発行、新潮文庫）／『司馬遷「史記」歴史紀行』（村山孚、１９９５年発行、尚文社ジャパン）／『阿Q正伝・藤野先生』（魯迅著・駒田信二訳、１９９８年発行、講談社文芸文庫）／『論語』（金谷治訳注、１９９９年発行、岩波文庫）／『中華帝国の興亡』（黄文雄、２００７年発行、ＰＨＰ研究所）／『春秋左氏伝（上、中、下）』（小倉芳彦訳、１９８９年発行、岩波文庫）／『中華思想と現代中国』（横山宏章、２００２年発行、集英社新書）／『中国の異民族支配』（横山宏章、２００９年発行、集英社新書）／『支那的性格』（Ａ・Ｈ・スミス著・白神徹訳、１９４０年発行、中央公論社）／『支那人口の歴史的考察』（イヴァン・イリイチ・ザハーロフ著・布村一夫訳、１９４２年発行、満鉄調査月報第21～22巻）／『清朝の中の中華思想』（逆瀬川弘次）／『中国共産党史研究』（石川忠雄、１９５９年発行、慶応通信）／『三国志演義』（井波律子、１９９４年発行、講談社学術文庫）／『中庸』（子思著・宇野哲人訳、１９８３年発行、角川書店）／『武士道』（新渡戸稲造著・奈良本辰也訳、１９９３年発行、知的生きかた文庫）／『「武士道」解題』（李登輝、２００６年発行、小学館）／『台湾紀行』（司馬遼太郎、２００９年発行、朝日文庫）／『日台の「心と心の絆」』（李登輝、２０１２年発行、宝島社）／『歴史街道「児玉源太郎」』（２０１１年３月号、ＰＨＰ研究所）／『誇りあれ、日本よ』（日本李登輝友の会編、２００９年発行、まどか出版）／『後藤新平 日本の羅針盤となった男』（山岡淳一郎、２００７年発行、草思社）／『シュリーマン旅行記』（ハインリッヒ・シュリーマン著・石井和子訳、１９９８年発行、講談社学術文庫）／『台湾総督府』（黄昭堂、１９８１年発行、教育社歴史新書）／『二つの祖国を生きた台湾少年工』（石川公弘、２０１３年発行、並木書房）／『台湾』（伊藤潔、１９９３年発行、中公新書）／『韓国人の「反日」と台湾人の「親日」』（黄文雄、１９９９年発行、光文社）／『日本と台湾』（加瀬英明、２０１３年発行、祥伝社新書）

著者略歴
薩摩雅隆（さつま・まさたか）
1942年生まれ。
慶応義塾大学卒業。電子機器会社に勤務。
その勤務時代に台湾駐在を体験する。
第二の人生を迎えてから、ISO9000及びISO14000の導入等のコンサルタント業務を行う傍ら、「中国王朝4000年の歴史と中華思想」「明治という国家」「台湾と後藤新平の台湾統治」「新渡戸稲造の武士道」等に関する資料収集に励み、調査研究を長年にわたり続けライフワークとしている。

本当に怖ろしい中国の歴史

平成28年5月20日第一刷

著　者　　薩摩雅隆

発行人　　山田有司

発行所　　株式会社　彩図社
東京都豊島区南大塚3-24-4
MTビル　〒170-0005
TEL：03-5985-8213　FAX：03-5985-8224

印刷所　　新灯印刷株式会社

URL：http://www.saiz.co.jp
Twitter：https://twitter.com/saiz_sha

ISBN978-4-8013-0136-8　C0022